ESPRIT

DE

I0148341

LA LOI SUR LE SACRILÈGE,

TIRÉ

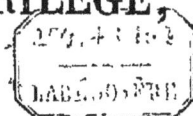

DE LA DISCUSSION DE CETTE LOI

DANS LES DEUX CHAMBRES.

IMPRIMERIE D'AUGUSTE BARTHELEMY,

RUE DES GRANDS-AUGUSTINS, N° 10.

ESPRIT

DE

LA LOI SUR LE SACRILÈGE,

TIRÉ

DE LA DISCUSSION DE CETTE LOI

DANS LES DEUX CHAMBRES.

Ouvrage contenant : 1° un Aperçu historique sur l'ancienne législation de la matière ; 2° le Tableau des considérations générales qui ont servi de base à la Loi nouvelle, avec la réponse aux principales objections faites contre le projet ; 3° le Texte de chaque article, suivi de la discussion qui s'y rapporte et de la solution des questions qu'il fait naître.

Par Mr. L.-L. CHARRIER,

DOCTEUR EN DROIT, AVOCAT A LA COUR ROYALE DE PARIS.

« Non sine causâ gladium portat. »
S. Paul ad Rom., cap. 13, *v.* 4.

A PARIS,

CHEZ J.-L. CHANSON, LIBRAIRE-ÉDITEUR,
RUE DES GRANDS-AUGUSTINS, N° 10 ;
Chez L'AUTEUR, RUE DE LA HARPE, N° 19,
ET CHEZ LES PRINCIPAUX LIBRAIRES.

1825.

ABRÉVIATIONS.

C. D. ou *Ch. Dép.* signifie Chambre des Députés.

Ch. P. — Chambre des Pairs.

S. 3 janv., Monit., n. 4. — séance du 3 janvier, Moniteur, numéro 4.

La lettre *D.* après un nom propre — Député.

La lettre *P.* — Pair.

Exposé des Motifs D. — Exposé des Motifs, par le Commissaire du Roi à la Chambre des Députés.

Exposé des Motifs P. — *Idem* à la Chambre des Pairs.

Rapport D. — Rapport de la Commission de la Chambre des Députés.

Rapport P. — *Idem* de la Chambre des Pairs.

C. P. — Code Pénal.

INTRODUCTION.

« LA loi est athée et doit l'être (disait-
on dans un temps qui n'est pas éloigné de
nous.....). Le mot de religion est un terme
» vague, abstrait, métaphysique, entouré
» d'une atmosphère de terreur et d'effroi....
» Derrière ce mot, on aperçoit aussi des per-
» sécutions, des échafauds (*). »

Sous le règne de telles idées, le sacrilège (**)
ne put se rencontrer dans notre législation.
Le Sacrilège simple avait disparu de nos
recueils d'arrêts modernes; et les *vols sacrilèges* ne venant que dans les dispositions
relatives aux autres vols, n'étaient punis
que d'une peine correctionnelle, comme vols
commis dans un lieu inhabité. S'il est vrai,
comme l'ont remarqué les adversaires du
projet de loi, qu'antérieurement à l'ordon-

(*) *Vid.* ce que rapporte M. le duc de Fitz-James, Pair,
S. du 14 févr., Monit., n. 49.
(**) *Sacrilège* vient du mot *sacra* et du mot *legere*,
ramasser, dérober les choses sacrées.

nance de Louis XV, du 1er avril 1737, qui punit la profanation des choses saintes, le sacrilège séparé du vol, n'ait été défini dans aucune loi française, ni dans l'édit de Charles IX, de 1561, ni dans celui de Louis XIV, de 1682, seules lois que renferme notre ancien Code pénal sur le sacrilège ; il est vrai aussi, que la jurisprudence des parlemens suppléa toujours au silence de la législation, ainsi qu'on le verra dans le chapitre premier, où se trouvent rapportés divers arrêts qui attestent qu'en crime de sacrilège, la justice s'armait de toute sa sévérité. — Le Code de 1791 resta muet sur cette matière ; il n'en pouvait être autrement, dit un Député (*), puisque la révolution devait transformer les églises en temples de la raison, et ériger en devoir la profanation et les sacrilèges. C'est ainsi, ajouta-t-il, que la protection de nos lois s'étant retirée de nos temples, les livrait sans défense à la dévastation. La religion se trouva dépourvue de cette protection que la loi accorde à *la plus humble des chaumières.* Les choses en étaient venues au point que,

---

(*) Chamb. D., S. du 10 avril.

dans plusieurs endroits, l'autorité supérieure s'était vue dans l'obligation d'intimer l'ordre de ne laisser dans les églises aucun des vases sacrés, ni rien de ce qui pouvait exciter la cupidité; les curés et desservans devaient, chaque soir, les transporter dans les presbytères.

Le retour au bon ordre, à la légitimité, dut amener d'autres idées, d'autres principes.

Nos Codes étaient accusés d'athéisme, a-t-on dit dans les deux Chambres (*) ; depuis long-temps on désirait des lois répressives contre les attentats commis envers la religion. Des Cours royales (**) et des Conseils généraux les avaient réclamées.—Des faits nombreux, des scandales déplorables, dit M. Bourdeau, Dép. (S. du 11 avril, Monit., n. 102), nous taxaient d'indifférence et de mépris pour les choses saintes. Les offrandes pieuses ont bientôt excité l'avidité. Une bande long-temps organisée a dévasté un grand nombre d'églises. Les peuples voient avec douleur leurs temples dépouillés, et la profanation de tout ce que la religion a de plus saint.

(*) *Vid.* Chamb. Dép., séance du 10 avril. .   . .,.

(**) Cour de Toulouse, arrêt du 15 octobre 1821, et Cour de Bordeaux, arrêt du 16 février 1822.

Frappé de tels scandales, qu'il était urgent de faire cesser, le Gouvernement, dans la session de 1823, présenta à la Chambre des Pairs, un premier projet (*) qui fut discuté et approuvé par elle ; mais bientôt on le retira, comme ne conciliant pas l'intérêt de la religion avec la justice. Lors de ce premier projet, dit Mgr le Garde des Sceaux (**), une seule pensée occupait l'esprit et excitait le zèle ; nous n'avions point entrepris de résoudre toutes les parties de ce grand problême, ni de combler à la fois le vide immense qu'offrait sur ce point la législation...... Il fallait satisfaire aux besoins les plus reconnus et les plus pressants.

La loi dont nous nous occupons, est venue remplir cette lacune ; elle a conservé tous les avantages du premier projet, sans en renfermer les inconvéniens. Le nouveau projet de loi, dit encore, en se résumant, Mgr le ministre de la Justice (***), définit le sacrilège par la profanation ; la profanation, à son tour, est

---

(*) Ce pojet se trouve reproduit dans les titres 2 et 3 de la loi.

(**) Chamb. des P., S. du 4 janv., Mon., n. 5.

(***) Exposé des Motifs.

définie par les objets sur lesquels on peut la commettre, par la manière dont elle peut être exercée, par le but que se propose le coupable, par la volonté qui détermine son action. Les objets sur lesquels la profanation peut être commise, sont énumérés eux-mêmes avec soin, et clairement désignés par l'usage auquel ils sont consacrés, par les signes auxquels on doit reconnaître le saint caractère qui leur a été imprimé; les crimes, enfin, sont divisés selon leur nature, et les peines sont graduées selon les règles de la législation générale, et selon la différence des crimes. »

Portée d'abord à la Chambre des Pairs, puis à celle des Députés, la loi sur le sacrilège est sortie victorieuse de cette double épreuve, malgré une opposition qui nous a paru tellement sérieuse, que nous avons cru devoir consacrer une partie de notre livre à réfuter les argumens dont elle s'est prévalue pour combattre le projet de loi.

Grand nombre de bons esprits trouvaient que le mot sacrilège ne disait pas assez, ou qu'il disait trop; ils craignaient qu'on ne pût l'étendre, par une facile interprétation, à des actes qui seraient loin de mériter une peine aussi grave.... On ne trouvera nulle difficulté

à étendre la définition du mot sacrilège, où
plutôt à rendre ce mot à son ancienne définition, dit M. Benjamin Constant (*); on sait
ce qu'était le sacrilège dans l'ancienne Rome,
et ce qu'il devint dans la suite.....

La loi est inaplicable, dit au contraire
M. Duplessis de Grénédan, Député (**); elle
est contradictoire avec elle-même; elle adopte
un principe dont elle paralise les conséquences.... Le titre premier, a-t-on ajouté encore,
est une véritable déception (***).

Au milieu de ces opinions diverses, les
esprits se sont accordés sur ce point, que la
loi du sacrilège est éminemment importante,
et que ses dispositions ne peuvent être réputées comminatoires. Grave dans son objet,
la loi l'est également dans ses conséquences.
Son importance s'accroît même des longs et
vifs débats auxquels elle a donné lieu.

Frappé de ces considérations, à la vue d'une
diversité d'opinions si énergiquement mani-
festées, nous avons cru qu'un ouvrage spécialement consacré à la recherche de l'esprit de

---

(*) Séance du 12 avril, Mon., n. 105.
(**) Séances des 13 et 14 avril, Monit., n. 106.
(***) Mon. 1825, page 552, colonne 1re.

la loi sur le sacrilège, était indispensable,
et nous l'avons entrepris.—Il faut dans cette
loi, dit Mgr le Garde des Sceaux, une définition claire qui indique à l'avance ce qui doit
être considéré comme crime, et qui ne permette ni au coupable déchapper à une juste
répression, ni au juge de donner au crime
une extension qui ne serait pas dans l'esprit
de la loi. — D'autre côté, il n'y est question
que d'un acte extérieur, sensible ; d'une atteinte visible portée aux choses saintes, et
pour éviter tout arbitraire, dit Mgr le ministre des Affaires Ecclésiastiques, on a restreint la loi dans des limites étroites ; on l'a
définie, caractérisée, de manière qu'il est impossible de se méprendre sur le sens de ses
dispositions. On a été audevant de toutes les
vaines alarmes, ajouta-t-il, de ces craintes
chimériques, qu'on affecte d'autant plus qu'on
ne les a pas ; la crainte, par exemple, qu'on
ne passât des peines contre le sacrilège proprement dit, à des peines contre les discours,
contre ce qu'on appelle hérésie. Nous savons
qu'autrefois ces délits étaient réprimés, mais
les temps sont changés, et la Charté garantit
assez la liberté des cultes et des opinions ré-
ligieuses, pour qu'il n'y ait ici rien à redouter.

Enfin, personne n'ignore cette vérité que, pour connaître une loi, il ne suffit pas d'en posséder vaguement le texte : *scire leges non est earum verba tenere, sed vim ac potestatem.* C'est de son esprit qu'il faut se pénétrer, c'est sa cause, son étendue, ce sont ses motifs, ses conséquences qu'il faut étudier, approfondir. Or, les discussions qui préparent une loi, nous découvrent la *pensée intime* du législateur ; c'est là que nous l'avons cherchée ; c'est dans une source aussi pure, aussi respectable que nous avons puisé nos explications et nos développemens.

Démontrer dans quel but la loi sur le sacrilége a été faite, et en exposer les principes ; les expliquer, concilier celles de ses dispositions qui paraissent contradictoires ; et indiquer dans quelles limites elles doivent être restreintes, voilà l'objet de ce livre.

Par celà, nous avons énoncé d'abord l'article textuel de la loi ; nous en avons présenté les différences avec celui du projet, en suivant l'ordre des dispositions ; nous avons exposé dans le même ordre, les amendemens proposés, les motifs de rejet des uns et d'adoption des autres, en conservant, autant que possible, les propres expressions des orateurs dont nous reproduisons les idées. Enfin, nous avons fait entrer dans notre travail la solution des questions qui naissent du sujet, dans la vûe de faire mieux apercevoir le degré de garantie et de protection que la loi doit à l'exercice des cultes.

Pour rendre ce travail plus complet, non-seulement nous avons donné un aperçu sur l'ancienne législation relative au sacrilège, mais encore nous avons présenté le tableau des considérations générales qui ont servi de base à la loi nouvelle, et l'avons accompagné comme il a été dit ci-dessus, de la discussion des principales objections élevées contre le projet. Cette addition nous a paru indispensable pour la parfaite intelligence de la loi. C'est, en effet, dans ce choc d'opinions diverses, que l'on découvre la véritable pensée du législateur. Nous ne craignons point d'avancer que, dans ces notions préliminaires, se trouve tout le système de la loi, et que les articles dont elle se compose, ne sont que les conséquences et les développemens de ces principes, au moyen desquels ont été écartées les objections nombreuses qu'elle a fait naître.

Le projet de loi sur le sacrilège fut porté

à la Chambre des Pairs par Mgr le Garde, des Sceaux (*), qui en exposa les motifs, le 4 janvier 1825. Une commission fut nommée, et M. de Breteuil, l'un de ses membres, en fit le rapport le 29 du même mois de jan-vier (n. 33 du Moniteur); il fut discuté dans le cours de plusieurs séances et adopté dans celle du 17 février suivant, comme suit :

Nombre de Pairs votants. 219

Pour le Projet. 127

Contre le Projet. 92

Porté aussi à la chambre des Députés par Mgr ministre de la Justice, qui en exposa les motifs le 17 mars 1825 (Monit., n. 77), la Commission fit son rapport par l'organe de M. Chifflet, l'un de ses membres, le 5 avril suivant (Monit., n. 96). La loi fut discutée dans la séance du 11 du même mois et dans les suivantes, et fut adoptée le 15 avril (Mon., n. 208). On vota au scrutin :

Nombre des Députés votants. . . 205

Boules blanches. 210

Boules noires. 95

_____

(*) Mgr le Garde des Sceaux a fait preuve d'un rare talent dans tout le cours de la discussion de cette loi; et Mgr le Ministre des Affaires Ecclésiastiques y a répandu aussi beaucoup de lumières.

A la Chambre des Députés, donc, s'accomplit le vœu émis par un Pair (M. le marquis de Bonnay), que le projet fût adopté à une majorité suffisamment importante, pour lui donner au-dehors l'autorité nécessaire à une pareille loi.

Promulguée le 20 avril 1825, elle a été insérée au Bulletin des Lois, n° 665. Elle se compose de 17 articles, divisés en 4 titres, dans le premier desquels la loi s'occupe du sacrilège simple; dans le second, des vols sacrilèges ; dans le troisième, des délits commis dans les églises ou sur les objets consacrés à la religion ; enfin, le quatrième contient des dispositions générales.

COMPOSITION DU MINISTÈRE

Sous lequel la Loi du Sacrilège a été portée.

Départemens
- des aff. ecclés.: M. de Frayssinous, év. d'Hermopolis.
- de la justice : M. le comte de Peyronnet.
- des affaires étrangères : M. le baron de Damas.
- de l'intérieur : M. le comte de Corbière.
- des finances. M. le comte de Villèle, prés. du cons.
- de la guerre : M. le marq. de Clermont-Tonnerre.
- de la marine : M. le comte Chabrol de Crouzol.
- de la maison du Roi : M. le duc de Doudeauville.

ESPRIT

DE

LA LOI SUR LE SACRILÈGE,

TIRÉ

DE LA DISCUSSION DE CETTE LOI

DANS LES DEUX CHAMBRES.

CHAPITRE PREMIER.

Législation ancienne sur le Sacrilège.

I. Dans l'ancien droit romain, on appelait *sacrilège*, le vol ou larcin des choses sacrées. L. 4, ff. *Ad legem Juliam peculatûs et de sacrilegiis.*

Les empereurs Gratien et Valentinien donnèrent beaucoup plus d'extension au terme de sacrilège, et comprirent sous ce nom, tout crime commis contre la loi de Dieu, soit par ignorance, soit par mépris. *Qui divinæ legis sanctitatem aut*

1

*nesciendo omittunt, aut negligendo violant et of-
fendunt, sacrilegium committunt.* L. 1, Cod. *de
crimine sacrilegii.*

Les lois romaines condamnaient au fer, au
feu et aux bêtes farouches, selon les circonstances, ceux qui commettaient des sacrilèges.

Le premier sacrilège puni à Rome, fut celui de
M. Tullius ; son crime était d'avoir laissé trans-
crire les livres sacrés confiés à sa garde [1]. Le
châtiment fut horrible : ce fut celui que les lois
des douze tables appliquèrent dans la suite au
parricide [2] : le coupable, renfermé dans un
sac de cuir cousu, fut précipité dans la mer.

On connaît le supplice affreux des vestales,
lorsqu'elles se profanaient elles-mêmes. Ceux
qui déterraient les bornes consacrées aux dieux,
étaient *dévoués* par les lois du Numa, eux et les
animaux dont ils s'étaient servis; et l'effet de

---

[1] *Tarquinius rex, M. Tullium duum-virum, quod li-
brum secreta sacrorum continentem, custodiæ suæ com-
missum, corruptus petronio labino describendum dedisset,
culeo insitum in mare abjici jussit. Idque supplicii genus,
non multò post, parricidis lege irrogatum est : justissimè
quidem, quia pari vindicta parentum ac deorum violatio
expianda est.* Vol. max. l. 1, cap. 1, n° 13.

[2] Il est à remarquer que c'est la peine du sacrilège
qui fut transportée au parricide, et non celle du parricide au sacrilège.

cette exécration était d'autoriser à les tuer partout impunément [1]. Dans la suite, les amendes, la relégation, les travaux des mines, furent la peine de ceux qui se rendaient coupables de cette sorte de sacrilège.

Non seulement les Romains punissaient la violation des choses sacrées proprement dites, quoiqu'il n'y eût pas de vol, mais celle des choses qu'ils appelaient *religieuses*, comme les tombeaux, et celle des choses qu'ils disaient *saintes*, soit parce qu'elles étaient consacrées à de moindres divinités, comme les murs et les portes de Rome et des villes coloniales, soit parce que la croyance publique les rendait vénérables, sans qu'elles fussent consacrées, et que la loi les protégeait contre les injures des hommes. Ainsi, quiconque violait les tombeaux, même sans commettre aucun dommage, mais en découvrant les cadavres, en les exhumant ou en dispersant les ossemens, était condamné, selon les circonstances, ou à l'exil, ou à la déportation, ou aux mines, ou à la mort. L'empereur Julien établit, depuis, la peine même du sacrilège contre la violation des tombeaux, et quiconque violait les murs de la ville était puni de la peine capitale.

---

[1] *Si quis terminum exarasset et ipsum et boves sacros esse, adeoque impunè occidendos jussit Numa. Dion. Halic. II. – 9. Festus in verbo terminus.*

1.

. Les lois d'Athènes, qui n'avaient porté aucune peine contre le parricide, n'avaient pas gardé le silence sur le sacrilège, et n'étaient guère moins sévères à cet égard que les lois romaines.

II. On distingue dans le droit canon, trois manières de commettre le sacrilège ; ce crime a lieu : 1° quand on vole une chose sacrée dans un lieu sacré, comme serait le ciboire, le soleil où l'on met l'hostie sacrée, et les vases destinés pour le service divin, ou lorsque l'on commet dans l'église un meurtre d'un prêtre faisant ses fonctions sacerdotales ; 2° quand on vole une chose sacrée dans un lieu qui n'est pas sacré, 3° quand on vole dans un lieu sacré une chose profane, telle qu'un tronc, des chandeliers, des cierges, etc., ou lorsqu'on y commet des homicides, irrévérences, et autres crimes.

III. Ainsi que nous l'avons fait remarquer dans l'introduction, on peut dire que jusqu'à l'ordonnance de Louis XV, du premier avril 1747, le sacrilège simple, séparé du vol sacrilège, n'avait point été défini dans aucune loi française, ni dans l'édit de Charles IX, de 1561, ni dans celui de Louis XIV, de 1682, seules lois que renferme notre ancien Code pénal sur le sacrilège ; mais la jurisprudence suppléa toujours à la législation ; et dans nos mœurs anciennes, il y avait *sacrilège* toutes les fois qu'il

y avait profanation des choses saintes ou consacrées à Dieu, soit que la profanation fût accompagnée de vol, soit qu'elle ne le fût pas.

Par choses *saintes* ou *consacrées à Dieu*, on
entendait : 1° les lieux saints, tels que les églises,
les monastères, les cimetières, etc. ; 2° les sa-
cremens, les cérémonies de l'église, les vases
sacrés, et tout ce qui servait au culte divin ;
3° les personnes ecclésiastiques ou religieuses.

Par suite, les vols, les impuretés, et autres
crimes ou délits commis dans une église ou lieu
saint, étaient des sacrilèges. Il en était de même
de l'action de brûler ou de détruire les temples,
les images, les autels, etc.

. C'était pareillement un sacrilège, que d'employer les choses sacrées à des usages communs
ou profanes, au mépris de la religion.

. On regardait aussi comme une sorte de sacrilège, les irrévérences commises dans les églises,
surtout pendant la célébration du service divin.

- Le crime de sacrilège avait encore lieu, quand
on fabriquait ou qu'on falsifiait des lettres de
prêtrise, et qu'en conséquence on célébrait la
messe, sans avoir le caractère requis à ce sujet.
Le coupable était puni de la peine de mort,
quelquefois des galères perpétuelles, ou du bannissement perpétuel, selon les circonstances.

On prononçait la même peine contre les prêtres et autres ecclésiastiques qui abusaient de
leurs fonctions pour séduire leurs pénitentes,
car, en ce cas, ils étaient regardés aussi comme
coupables de sacrilège.

Étaient encore considérés comme coupables du
même crime, ceux qui commettaient des excès
contre les personnes consacrées à Dieu, comme
les prêtres, les religieuses, etc., et le crime était
plus considérable, quand l'ecclésiastique était
élevé en dignité, comme un évêque, ou quand
l'attentat avait été commis contre un prêtre dans
ses fonctions sacerdotales ; *nam juxtà dignitatis
gradum vitæque honestatem, crescit aut minuitur
injuria ; ac proindè atrox æstimatur vel ex facto,
vel ex loco, vel ex personâ.* Seguin, Inst. Just. de
inj. tit. 4, lib. 4.

On mettait aussi au rang des sacrilèges, le rapt
d'une religieuse, et les habitudes charnelles qu'on
avait avec elle.

La peine du sacrilège dépendait des circonstances du crime, du lieu, du temps et de la qualité de l'accusé.

D'après l'édit du mois de juillet 1682, le sacrilège, joint à la superstition et à l'impiété, était
puni de mort.

Lorsque le sacrilège était au premier chef,
comme quand on abuse des saintes hosties, ou

qu'on les foule aux pieds, on condamnait les coupables, à l'amende honorable, à avoir le poing coupé et à être brûlés vifs.

. On prononçait la même peine contre la profanation des vases sacrés et des fonts baptismaux. Il existe dans les recueils, nombre de monumens sur cette matière.

Automne, dans sa conférence du Droit français avec le Droit romain, rapporte un arrêt du mois d'août 1503, par lequel un jeune homme fut condamné à avoir le poing coupé et à être brûlé vif, pour avoir, dans l'église de la Sainte-Chapelle de Paris, arraché des mains d'un prêtre, l'hostie qu'il venait de consacrer en célébrant la messe.

Imbert, en ses institutions forenses, rapporte un autre arrêt du 10 décembre 1586, qui prononça la même peine contre un nommé Dufour, qui avait pareillement arraché des mains d'un cordelier, l'hostie qu'il avait consacrée en disant la messe.

On trouve dans la bibliothèque canonique de Bouchel, un autre arrêt, du 7 septembre 1660, par lequel le parlement de Bordeaux condamna au dernier supplice, plusieurs protestans de la ville d'Aymet, pour s'être rendus coupables de plusieurs profanations, en dérision de la messe et des cérémonies de l'église.

La même bibliothèque canonique rapporte qu'un *quidam* étant trouvé dans la chapelle de St-Marceau, avoir crocheté un coffre où il avait pris le bout d'un cierge, et à la maison duquel furent trouvés plusieurs meubles d'église, comme nappes, custodes et autres, qu'il confessa avoir dérobés ès-églises de St-Médard, St-Honoré et autres, fut condamné, par la sentence du juge de St-Marceau, à être pendu. Par arrêt du 16 octobre 1577, la sentence fut mise au néant, et le coupable condamné aux galères à temps. Il y avait douze juges au procès, dont six opinèrent pour la mort, et les six autres pour les galères; à laquelle opinion il passa *tanquam in meliorem*.

Souvent on punissait de mort ceux qui brisaient les images de Dieu, de la Vierge ou des Saints, en dérision de la religion.

Papon rapporte, dans son Recueil, liv. 1er, tit. 2, note 2, un arrêt par lequel le parlement de Bordeaux condamna le nommé Dufus à avoir le poing coupé et la tête tranchée, pour insulte faite à la divinité, en portant plusieurs coups d'épée contre un crucifix.

Par un autre arrêt, du 21 janvier 1435, rapporté aussi par Papon, le même parlement condamna au fouet, un ivrogne qui, d'un coup d'épée, avait emporté la tête d'un Christ. L'état d'ivresse dans lequel il était, le fit exempter de la condamnation à la peine capitale.

Un autre arrêt du parlement de Paris, en date du 22 décembre 1548, condamna le nommé Rochette à être pendu et ensuite brûlé, pour avoir mis en pièces un crucifix et quelques images des saints, dans l'église de St-Julien-de-Pommiers, en Forez.

Quant au vol d'une chose sacrée, fait dans une église, on le punissait ordinairement de mort, surtout quand il y avait effraction, et l'on prononçait la peine de feu quand il y avait pro-fanation.

Imbert rapporte un arrêt, du 18 octobre 1533, par lequel le nommé Charles, de St-Vincent, fut condamné à être pendu, pour avoir volé un ci-boire dans l'église de St-Étienne, d'Auxerre.

Par un autre arrêt du 4 mai 1714, le parlement de Paris condamna un prêtre à faire amende honorable, et ensuite à être brûlé, pour avoir volé des calices et des ciboires.

Le même parlement condamna, par arrêt du 10 janvier 1781, Anasthase Morel à faire amende honorable au-devant de la principale porte de l'église cathédrale d'Amiens, ayant un écriteau devant et derrière, portant ces mots : *voleur de vases sacrés, avec effraction et profanation;* ensuite à être conduit, par l'exécuteur de la haute-justice, sur la place du Grand-Marché de la même ville, pour y avoir le poing coupé et y être brûlé vif.

Suivant l'art. 1er de la déclaration du 4 mai 1724, ceux qui se trouvaient convaincus de vols et de larcins faits dans les églises, ensemble leurs *complices* et *suppôts*, devaient être condamnés, savoir : les hommes aux galères à temps ou à perpétuité ; et les femmes à être flétries d'une marque en forme de la lettre *v*, et renfermées à temps ou pour leur vie, dans une maison de force, le tout sans préjudice de la peine de mort, suivant l'exigence des cas.

Les vols d'église, quoique simples, faits par des soldats ou autres gens de guerre, devaient être punis de mort, suivant une déclaration du Roi, du 27 janvier 1651. La même peine était prononcée par l'ordonnance du 1er juillet 1727, concernant les délits militaires. Il y a une déclaration du Roi, du 21 janvier 1785, donnée en exécution de celle du 21 mars 1671, qui défend à toutes les cours et juges de prononcer des condamnations d'aumônes pour employer en œuvres pies, si ce n'est pour sacrilèges et autres cas ès-quels il n'échet pas d'amende. *Vid.* Recueil du domaine, page 697.

Les attentats commis contre les prêtres et autres personnes sacrées, devaient être punis d'une peine proportionnée à l'injure et à la qualité de l'offensé. *Vid.* Dict. de Guiot, au mot *Sacrilège.* *Id.* Merlin, rep. de jurisp.

Telle était antérieurement à la révolution, la jurisprudence sur le sacrilége. A cette époque, de nouvelles lois pénales furent portées, et le mot sacrilège en fut exclu. Il disparut ainsi de notre jurisprudence moderne; et de tous les délits désignés par l'expression sacrilège, le nouveau Code ne punissait que les outrages faits publiquement aux objets ou aux ministres en fonctions d'un culte quelconque. Les vols des choses sacrées n'étaient plus punis que comme vols commis dans des édifices publics. On trouvait bien dans le Code pénal, dit M. Colomb D. (séance du 14 avril, Monit., n° 108), quelques dispositions qui prouvaient que la religion n'y avait pas été entièrement oubliée, mais les crimes qui la blessaient le plus, et tendaient le plus directement à la détruire, n'étaient point prévus. Les vols des vases sacrés n'y étaient point distingués des vols simples, et ne donnaient lieu qu'à des peines correctionnelles. Ainsi les crimes se multipliaient d'une manière effrayante.

C'était là, dans notre législation, une inexplicable lacune, qu'il était urgent de faire disparaitre [1] La loi du 20 avril 1825 est venue opérer

---

[1] Exposé des motifs, par Mgr le Garde des Sceaux.

ce bienfait et remplir le vide immense qui se
rencontrait dans nos Codes, et qui affligeait tant
les gens de bien. Par elle, suivant l'expression de
l'illustre et éloquent défenseur de cette loi, on
pourra distinguer enfin la législation des temps
révolutionnaires et la législation des rois très-
chrétiens.

CHAPITRE SECOND.

Considérations générales qui ont servi de base à la loi sur le Sacrilège, et réfutation des principales objections faites contre le projet.

§ Ier.

CONSIDÉRATIONS GÉNÉRALES.

1° La religion est le premier besoin de l'homme et son plus cher intérêt; elle est le plus solide appui des empires [1], et la force constitutive des

---

1 M. de La Mennais s'exprime ainsi, dans son opuscule *de la Religion considérée dans ses rapports avec l'ordre politique et civil*, p. 15 : Instruite par l'expérience et par la tradition universelle des peuples, la sagesse antique avait compris qu'aucune société humaine ne pouvait ni se former ni se perpétuer, si la religion ne présidait à sa naissance, et ne lui communiquait cette force divine étrangère aux œuvres de l'homme, et qui est la vie de toutes les institutions durables. Les anciens législateurs voyaient en elle la loi commune [*], source des autres lois [**], la base, l'appui [***], le principe régénéra-

[*] Arist. *rethor*. lib. I.
[**] Cicer. *de legib.* lib. II, cap. iv.
[***] Religio vera est firmamentum reipublicæ. Plat., lib. IV, *de leg.*

états, réside dans la salutaire alliance des lois divines et humaines ₁.

L'ordre et la durée des sociétés dépendent donc du respect et de la protection qu'elles accordent à la religion. En effet, pour que les lois soient respectées, il faut respecter la religion, lui accorder protection, donner aux tribunaux

---

teur * des états constitués selon la nature ou la volonté de l'Intelligence suprême **. « En toute république bien » ordonnée, dit Platon, le premier soin doit être d'y » établir la vraie religion, non pas une religion fausse » ou fabuleuse, et de veiller à ce que le souverain y soit » élevé dès l'enfance ***. » Ces maximes, partout admises comme une règle immuable, furent aussi partout le fondement de l'organisation sociale : de là, l'importance, quelquefois excessive à nos yeux, qu'on attachait nonseulement aux croyances publiques, mais aux plus petites cérémonies du culte ; de là l'union intime des lois religieuses et des lois politiques dans la constitution de chaque cité, quelle que fût la forme de son gouvernement; de là, enfin, le pouvoir toujours si étendu du sacerdoce chez les nations, soit civilisées, soit barbares : et il faut qu'il y ait en cela quelque chose de nécessaire, conforme à la nature de l'homme et de la société, puisqu'aucun temps ni aucun lieu n'offre d'exceptions à ce fait primitif et permanent.

₁ Exposé des motifs.

* Omnia religione moventur. Cicer. V, *in Verrem.*

** Cicer. *de legib.* lib. II, cap. ɪv. et v.

*** Prima in omni republica bene constituta cura esto de vera religione, non autem de falsa vel fabulosa vel stabilenda, in qua summus magistratus a teneris instuatur. Plat. lib. II, *de republ.*

le moyen de venger la société attaquée dans l'objet de sa vénération ¹. Delà, les lois sur le sacrilège chez les peuples anciens et modernes.

2° La religion Chrétienne est en France, depuis le baptême de Clovis, la religion de l'État. Sa présence y a civilisé les rois et les peuples; elle a su n'y faire qu'un tout homogène et puissant de vingt nations divisées de cultes et de mœurs. Ses bienfaits sont infinis, incalculables; ils appellent notre reconnaissance. Néanmoins, il y a liberté de croyance en France (art. 5 de la Charte). La loi sur le sacrilège a dû dès-lors être générale et pour tous les cultes; et si le titre premier est spécial à la religion de l'État, c'est parce que la nécessité d'une protection complète prescrivait cette mesure, à raison des dogmes particuliers que cette religion professe. Le législateur n'a point fait par là un acte de foi; il n'a pensé à autre chose qu'à un acte politique : il ne s'agit pas, en effet, de savoir si la religion chrétienne est vraie, mais bien de savoir si elle est nationale ².

3° La loi sur le sacrilège assure aux religions des garanties que nos lois actuelles leur refusaient. Ses dispositions offrent la solution des

¹ Rapp. de la commission D. et P.
² Mgr le Garde des Sceaux et Mgr le minist. des Aff. Ecclés.

questions les plus délicates du droit public et de la législation criminelle. Le silence ou l'inefficacité de nos lois pénales étaient une inexplicable omission, une véritable lacune, qui encourageait l'impiété par la certitude de l'impunité [1].

4° Dans l'intention de l'auteur de cette loi, ce n'est pas seulement pour conserver la foi de nos pères qu'elle a été portée ; c'est pour maintenir l'ordre établi dans la société, en entretenant dans l'esprit des peuples, les sentimens religieux qui sont si nécessaires à leur sûreté et à leur bonheur [2].

—La religion en reçoit un hommage éclatant. —La loi produit une impression générale, dont l'utilité l'emporte de beaucoup sur l'utilité même de la répression. — Notre législation en devient plus morale, plus complète, plus religieuse [3].

5° Prévoir le crime, est le moyen de l'empêcher. Le législateur ne doit point s'exposer au reproche de manquer de zèle et de prévoyance. Il savait que la loi sur le sacrilège était attendue comme une expiation nécessaire, après tant d'années d'indifférence ou d'impiété [4].

---

1 Rap. Comm. D.
2 Exposé des Motifs.
3 Rapp. de la Comm. P. et D.
4 *Idem.*

Ainsi, cette loi était réclamée par des nécessités politiques, par des nécessités morales,
par des nécessités d'opinion..... Dussent ses
dispositions ne jamais recevoir leur application,
elle était commandée par l'honneur de la législation française [1].

6° La révolution enleva à la religion les lois
qui la protégeaient : on doit lui rendre celles
que n'exclut point la forme actuelle de notre
gouvernement [2].

Le législateur a consulté les besoins de l'époque actuelle. Notre société est une société qui
se régénére ; elle en remplace une généralement
corrompue par le luxe des richesses et par l'indifférence religieuse ; elle est sortie de cet état
de corruption par des convulsions et des excès
révoltans [3].

RÉSUMÉ.

La loi sur le sacrilège est fondée sur quatre
principes certains et incontestables[4], savoir :

Le 1er titre, 1° sur ce que l'autorité publique
doit une protection *complète* à tous les cultes

---

1 Mgr le Garde des Sceaux, Motifs.
2 M. Chifflet. Rapp. D., 5 avril, Mon., n. 96.
3 *Idem.*
4 Mg. le Garde des Sceaux, discours du 11 fév., C. P.

qui sont admis dans le royaume, et la protection ne saurait être complète, lorsqu'elle ne comprend qu'une partie des dogmes qui constituent ces cultes.

2° Sur ce qu'il est du devoir de l'autorité publique de punir tous les actes qui troublent l'ordre établi; et nulle action n'est plus propre à troubler l'ordre établi dans une société, que celles qui offensent au plus haut degré la religion que cette société a adoptée.

Titre 2 et titre 3, 1° sur ce qu'aux yeux du législateur, le sacrilège et la profanation doivent être au-dessus de toute circonstance aggravante. Ils constituent le crime principal.

2° Parmi les crimes de ce genre, comme de tout crime de lèse-société humaine, il doit punir plus sévèrement celui qui, par ses circonstances. blessera davantage l'ordre social.

§ II.

RÉFUTATION DES PRINCIPALES OBJECTIONS.

Ire OBJECTION. D'après la belle définition de Montesquieu, les lois ne sont que l'expression des rapports des hommes entr'eux. Elles ne peuvent donc prohiber et punir que les actions qui blessent ces rapports, et que, suivant leur gravité, elles qualifient *crimes* ou *délits*. Le *péché,* qui blesse les rapports de l'homme avec son Créateur, n'entre point dans le domaine législatif; or, en établissant des peines contre le sacrilège simple, on fait entrer le péché dans le domaine de la loi civile : donc, la loi proposée n'est point compétente.

Il importe d'établir une distinction entre l'ordre religieux et l'ordre civil. Cette distinction essentielle à toutes les formes de gouvernement, est la pierre angulaire de l'édifice social.

RÉPONSE. Ce n'est pas pour venger la Divinité que les lois saisissent leur glaive ; c'est pour la défense de la société outragée dans les objets de sa vénération et de son culte.

En effet, dit M. Colomb, député (séance du 14 avril, Mon., n° 108), l'homme et les lois sont impuissants pour entretenir le citoyen dans ses devoirs sociaux. Pour ce grand œuvre il est besoin des secours d'en haut.... La religion est le plus fort des cimens qui puissent nous lier à nos semblables. C'est la première des nécessités sociales.... Qui l'attaque, commet le crime de lèse-société au premier chef.

Voilà ce qu'est le sacrilège ; voilà pourquoi la loi doit le prévoir et le punir. Mais bien que par là elle rende hommage au ciel, elle ne travaille que dans l'intérêt de la terre. Son but n'est point de venger Dieu, mais de préserver l'État. C'est l'intérêt du pays, plus que celui de la religion qui l'inspire..... Mais si le sacrilège est connu, il devient crime, la loi doit le réprimer, parce qu'il y a attaque à la société.

C'est alors une action mixte, qui offense Dieu et les hommes. La religion le punit comme péché, la loi comme crime; mais alors même la religion et la loi restent chacune dans leurs limites, et l'homme d'État qui décerne la peine contre le sacrilège, ne s'érige point en casuiste; il reste législateur.

Le péché devant Dieu, et le crime devant les hommes se trouvent souvent réunis, a dit M. Ferdinand Berthier, D... Ainsi la communion indigne est un véritable sacrilège qui ne peut être jugé et puni que par Dieu; mais un outrage extérieur au Saint-Sacrement de l'Autel, tombe sous les sens, et quand il est légalement constaté, il peut être soumis aux peines de la loi.

On ne confond point, dit M Figarol, député (séance du 12 avril), les rapports de l'homme avec Dieu, et les rapports de l'homme avec la société.... Que l'impie outrage Dieu en secret, qu'il commette un sacrilège dans l'ombre...., la société ne peut intervenir dans ce qu'elle ne connait pas : il en est en ce cas, comme de la communion indigne; elle est un sacrilège, mais la société l'ignore. Ce qu'on nomme le péché n'entre pas dans le domaine de la loi. C'est par cette raison que l'hérésie et le blasphème ne sont pas punis par la loi, qui ne porte ses regards que sur ce qui blesse l'ordre établi dans la société qu'elle régit.

2ᵉ OBJECTION. La loi proposée blesse la liberté des consciences ; elle est contraire à l'article 5 de la Charte, devant laquelle tous les cultes sont égaux.... La loi est athée et elle doit l'être.

RÉPONSE. La Charte a promis une égale protection à tous les cultes. Mais, en même temps, elle a déclaré la religion catholique, religion de l'État. Une loi n'est donc pas inconstitutionnelle, parce qu'elle prescrit à tous le respect aux choses sacrées, et qu'elle menace de punir les outrages faits aux objets que la religion de l'État vénère le plus.

Si par tolérance religieuse on entend l'égalité de tous les cultes, si protéger efficacement la religion de l'État, c'est alarmer les communions discidentes ; si, enfin, d'après la Charte, il ne faut rien distinguer en fait de croyance : oui, la loi doit être athée.

La loi est contraire à la Charte. J'entends mal cette objection, ajouta Mgr le Garde des Sceaux; je connais une égalité de protection promise aux cultes admis dans le royaume, et je la respecte ; l'égalité les cultes, je ne sais plus ce que c'est. Ne confondons point des choses qui ont si peu de rapport et de ressemblance. La Charte fut donnée à une nation catholique, et le prince religieux dont elle est l'ouvrage, portait le titre de roi très-chrétien. Pense-t-on qu'aux yeux de ce prince, des cultes qu'il tolérait et qu'il devait protéger, mais qu'il considérait cependant comme de fausses croyances, fussent égaux à la religion de l'État, à la seule religion d'espérance et de vérité ? Aussi, l'égalité qu'il a accordée ne doit s'entendre que de la protection et ne s'applique en effet qu'à elle.

Or, les cultes discidens ne sont-ils pas tous protégés par les trois derniers titres de la loi ? et la religion catholique, la religion de l'État, le serait-elle dans l'objet le plus précieux de sa foi, sans les dispositions du titre 1er ? La loi est donc entièrement conforme à l'art. 5 de la Charte ; c'est un moyen de défense, peut-être tardif, qui était dû et qui est accordé maintenant à la religion de l'État. L'immense majorité des Français peut bien prétendre au droit de n'être pas outragé dans l'objet de son culte et de ses adorations.

3e Objection. La charte à promis une égalité parfaite entre tous les cultes. Vainement dit-on que ce n'est pas l'égalité absolue, mais l'égalité relative, une égalité qui se rapporte à la protection des cultes, et non aux cultes eux-mêmes.

Réponse. Les cultes ont un droit égal à ré-

clamer de l'autorité publique une protection
complète, efficace, qui embrasse toutes leurs
cérémonies et tous leurs dogmes; de même que
les citoyens ont un titre égal, quels que soient
leur rang, leur sexe, leur âge et leurs fonctions,
pour réclamer des tribunaux, de l'autorité ad-
ministrative et de l'autorité souveraine, le libre
et complet exercice des droits civils qui leur
appartiennent. Néanmoins, les mineurs, les
femmes, le simple citoyen, le magistrat, le
prince, ne doivent pas recevoir de la loi une
protection uniforme, une protection restreinte
dans des limites pareilles, qui ne puissent jamais
être dépassées, selon la différence des devoirs,
des situations et des conditions. Si donc il est
vrai qu'à l'égard des citoyens eux-mêmes, la
protection obtenue au même titre est cependant
différente dans sa forme, dans son étendue, dans
son objet, de même aussi la protection qu'on
doit accorder aux cultes doit être conforme à
leur croyance, à leur exercice, sans quoi l'égalité
même serait détruite, car, les uns seraient évidemment moins protégés que les autres. Ceux
dont les croyances seraient moins étendues re-
cevraient une protection complète ; ceux, au
contraire, dont les croyances seraient plus nombreuses et plus élevées ne trouveraient pas, dans
les dispositions qui protégeraient les autres cultes, les garanties et la sûreté qu'exige la nature

des dogmes qu'ils ont adoptés. Ainsi, c'est bien·
de l'égalité de protection que doit s'entendre
l'égalité promise par la Charte aux cultes admis
dans le royaume ; or, la religion de l'État ayant
des dogmes spéciaux et particuliers', doit, non
pas, si l'on veut, comme religion de l'État,
mais du moins comme religion admise dans le
royaume, recevoir aussi une protection spéciale ·
et particulière (*Mgr le Garde des Sceaux, Ch.
D., S.* 3 *avril, Mon. n.* 105).

4e OBJECTION. La religion, appuyée sur Dieu
même, n'a pas besoin du secours des hommes.

RÉPONSE. Si elle peut se passer d'eux, peuvent-
ils également se passer d'elle ? et quelle sera l'autorité des lois humaines, si le suprême législateur
peut être impunément outragé ? Ce n'est pas .
d'ailleurs la religion, c'est la société qui se venge,
en punissant un crime qui attaque son existence.
Toutes les législations ont placé le sacrilège au
premier rang parmi les attentats contre l'ordre
public (*M. de Chastellux, P., S. du* 14 *fév.,
Mon. n.* 49).

5e OBJECTION. Le crime enfante le crime. On
a toujours vu les empoisonnemens produire des
empoisonnemens, et des incendies naître des
incendies. Porter une loi sur le sacrilège, c'est
faire naître des coupables.

RÉPONSE. S'il en est ainsi, le Code pénal est

inutile ; il faut laisser la société devenir ce qu'elle pourra (*M. de Chastellux, P., ibid.*).

La loi sur le sacrilège est un hommage rendu à la religion par les plus hauts pouvoirs de la société ; hommage le plus solennel, le plus efficace, le plus salutaire. C'est par la société qu'il est rendu et c'est à la religion qu'il est offert.

Lorsqu'un État a été profondément ébranlé, lorsque la morale des peuples a été profondément pervertie, lorsque les principes religieux ont été long-temps attaqués et presque détruits, est-il sans avantage pour les peuples de voir rendre des hommages éclatans à la religion qui seule peut rétablir, protéger, et affermir les empires. Non, certes, et s'il est vrai que dans de semblables circonstances, d'éclatans hommages soient utiles, pourquoi ne pas leur donner la sanction de la loi, puisque cette sanction doit en augmenter l'éclat et l'influence (*ibidem*).

6e OBJECTION. Du moment où l'ordre social a été rétabli en Europe, on a vu se manifester partout une heureuse tendance à se rattacher au tronc du christianisme, à lui demander des consolations et des préceptes, à lui porter des respects et des tributs. La religion n'a donc plus de dangers à craindre. Ses détracteurs sont tombés dans le mépris et ont disparu. Le sacrilège simple, dont les exemples ont toujours été rares, a disparu pour jamais ; la loi est donc inutile. . . . . .

RÉPONSE. En aurait-on l'assurance, il n'en faudrait pas moins maintenir le titre premier du projet, dit M. de Chatellux, P. (séance du 14 février Monit. n° 49.) C'est en effet, sous le rapport de son influence morale, bien plus que sous celui de ses résultats matériels, que cette loi doit être envisagée. En la considérant ainsi, l'on apperçoit dans ses dispositions un hommage solennel rendu à la religion de l'état, et une leçon importante pour les peuples, qui apprendront du législateur lui-même, que si l'impiété est le plus grand des fléaux, le sacrilège est le plus horrible des crimes.

A la vérité ce crime est rare dans les temps calmes, dit M. de la Bourdonnaye P. (S. 17 février, n° 50). Mais le fut-il durant la révolution? notre expérience à cet égard doit nous convaincre de l'utilité d'une loi répressive. De ce que les monstres font exception dans la nature, s'ensuit-il que les attentats monstrueux doivent rester impunis?

Les sacrilèges se multiplient, dit le rapp. D.... et si la nu-profanation n'a pas été légalement constatée, c'est parce qu'on savait qu'il n'y avait point de peine établie pour la punir ; d'où on jugeait qu'il était plus dangereux qu'utile d'en constater

juridiquement l'existence, puisque ce n'était
qu'un scandale de plus. Voilà pourquoi il n'a été
question jusqu'à présent que des vols sacrilèges.

7ᵉ Objection. La loi est remplie de menaces
contre notre droit public. Sa définition inspire
de l'effroi; on sait ce qu'était le sacrilège dans
l'ancienne Rome et ce qu'il devint ensuite par
l'extension de ce mot dangereux.

Réponse. La loi est là pour se justifier. Elle définit tellement le crime, le resserre dans de telles
limites, qu'il est impossible à l'accusateur de les
dépasser, et s'il le tentait, il trouverait prêts
à l'arrêter, des juges et des jurés retenus eux-
mêmes par la liberté de la défense et par la publicité des débats. Ainsi, rassurés sur le présent,
dit M. Colomb, vous ne serez pas plus effrayés de
l'avenir. Vous craindrez peu que l'on vienne vous
demander de completter incessamment une loi
complète; et si, dans d'autres temps, sous l'empire
d'autres circonstances, de nouveaux besoins
sociaux semblaient solliciter d'autres mesures
législatives contre le sacrilège, les Chambres n'au-
raient-elles pas toute liberté pour les discuter,
les modifier, les rejeter ou les admettre, selon la
nécessité du temps où on les leur demanderait....
Nos Codes marquent au magistrat le délit et la
peine, et lui disent *nec plus ultrà.* (*M. Colomb.,
D., séance du 14 avril, n° 108.*)

8ᵉ OBJECTION. Ou le coupable croit à la présence réelle, ou il n'y croit pas.

S'il n'y croit pas, il est très-criminel d'avoir outragé la religion dans ses augustes cérémonies. Il mérite un châtiment exemplaire, puisqu'il a insulté ce qui est un objet de vénération pour la société.

Il doit être réprimé sévèrement comme perturbateur; mais il n'est pas sacrilège. Pour qu'il le fût, il faudrait, chose impossible, qu'il commît son crime avec la persuasion que, dans l'hostie consacrée, il atteint le Dieu vivant, qui peut le réduire en poudre et le livrer à des tourmens éternels.

Quoi! dit un député, serait-il bien sacrilège celui qui, en profanant les saintes hosties, ne croit point au dogme de la présence réelle? Soumis à ce dogme, jamais il n'eût conçu l'idée d'un pareil attentat; on le punirait donc pour avoir manqué de foi; on le traiterait comme parricide, pour n'avoir pas été catholique; ou bien encore, si l'on suppose qu'il admette la présence réelle, on ne peut considérer son forfait que comme l'acte d'un insensé. La force peut détruire cet insensé misérable : la prudence doit le renfermer; mais on ne saurait pas plus le juger et le punir, qu'on ne peut juger ou punir un animal farouche.

Réponse. Il suffira donc de nier un principe, pour en éviter l'application. Un coupable de vol ou de meurtre sera absous, pourvu qu'il nie le principe des lois sur le meurtre ou le vol! Quoi! il suffira de ne pas croire pour être innocent! . .

. Si celui qui ne croit pas, pouvait impunément profaner les choses saintes, et troubler les exercices religieux dont il nie le caractère et l'utilité, toute religion, et par conséquent, toute société périrait. Le chrétien attaquerait le juif; le juif le chrétien. Le catholique et le protestant se poursuivraient sans relâche; la liberté des cultes ainsi entendue, serait la confusion et la destruction de tous les cultes. Quoi! l'incrédulité dans le coupable doit être une excuse, et il serait absurde de punir en lui des actes qui ne sont que la conséquence des principes que le ministre calviniste, autorisé par la loi, établit dans ses discours!... Le ministre calviniste qui enseigne dans le temple où il lui est permis d'exercer son culte, et en parlant à des hommes qui professent les mêmes dogmes que lui, ne serait-il pas criminel aux yeux de nous tous et aux yeux de la loi, si dans une église catholique, troublant le saint sacrifice, il montait en chaire pour attaquer la présence réelle, taxer nos adorations d'idolâtrie, et nos prêtres d'imposteurs....!

Tout individu qui devient membre d'une ag-grégation humaine, tout étranger même, dès l'instant qu'il pose le pied sur le sol de celle-ci, s'engage par un contrat tacite à en respecter les lois et la croyance. S'il enfreint ce pacte, il est criminel, quelle que soit sa religion... Ce n'est pas là violer la liberté des cultes, c'est la pro-téger ; car tout culte n'est vraiment libre, que quand il est abrité, et au besoin, défendu par les lois.

Quand à la démence, ou elle est sincère, ou elle ne l'est pas. Dans le 1er cas, l'accusé échap-pera à toute condamnation, parce qu'il est in-capable de volonté ; dans le 2e cas, sa condam-nation est inévitable.

9e OBJECTION. Le sacrilège est la profanation des vases sacrés, et des hosties consacrées. La profanation est toute voie de fait commise vo-lontairement par haine ou mépris de la reli-gion ; or, les hosties consacrées ne sont plus les hosties que nous voyons, mais Jésus-Christ, le saint des saints, dieu et homme tout ensemble, invisible et présent dans le plus auguste de nos mystères. Donc, le sacrilège consiste dans une voie de fait commise sur Jésus-Christ ; donc, la loi punit l'outrage direct à la majesté divine ; donc, le crime sort tout entier du dogme catho-lique de la présence réelle.

Réponse. La voie de fait ne s'adresse pas exclusivement à Jésus-Christ, mais bien à la religion dont il est l'objet, et, par suite, à la société qui professe cette religion. Elle est un attentat à ce que la loi veut qu'on respecte. Elle se dirige immédiatement contre l'objet extérieur et sensible qui est protégé par la loi. *Vide* la rep. à la 12e objection.

10ᶜ Objection. Parmi les religions qui sont admises en France, il en est une qui a aussi son dogme spécial, le dogme de la consubstantiation, qui ressemble, à quelques égards, et pour un moment seulement plus restreint, le moment précis de la consécration, au dogme de la présence réelle. Ce dogme de la consubstantiation expose le culte luthérien à l'outrage spécial nommé sacrilège; les luthériens ont donc besoin comme les catholiques, à cause du dogme spécial, d'une protection spéciale.

Réponse. Cette objection ne prouve rien. La position des deux cultes n'est pas identique, et l'on pourrait dire que le besoin n'existe pas, de là même que la protection, la garantie spéciale, n'est pas demandée. Que le culte luthérien soit outragé dans le dogme de la consubstantiation, le coupable sera puni suffisamment, et dans l'étendue de toute la protection promise.

11ᶜ Objection. 1° Toutes les fois que la loi civile

établit des dispositions pour protéger, et des peines pour réprimer ceux qui l'offensent, la loi civile fait un acte de foi.

2° Mais, toutes les fois que la loi civile fait un acte de foi, c'est la preuve que la puissance ci-vile est dominée par la puissance spirituelle, ou que celle-ci se confond avec la première. Or, la loi sur le sacrilège fait évidemment un acte de foi; d'où la conséquence qu'elle n'est autre chose qu'une concession accordée par la faiblesse de la puissance civile à la supériorité toujours crois-sante de la puissance spirituelle. Donc, la puis-sance spirituelle et sacerdotale a subjugué la puis-sance civile.

3° Que n'imitons-nous le silence et la pru-dence des législateurs d'Athènes, qui refusèrent de prévoir et de punir le parricide !

RÉPONSE. 1° *Toute disposition légale du genre de celle proposée, est nécessairement un acte de foi!* Non. La loi n'est pas exclusivement relative à un seul dogme, à une seule croyance. S'il est vrai que le titre 1er ne puisse recevoir son application qu'à la religion de l'État, le 2e et le 3e ne s'appli-quent-ils pas dans toutes leurs dispositions à tous les autres cultes admis dans le royaume; non seulement aux cultes chrétiens, mais encore au culte juif lui-même? Est-ce qu'on peut faire en même temps un acte de foi pour plusieurs cultes différens et même contraires ? en approu-

vant les titres 2 et 3 qui protègent, par des dispositions générales, et les cultes dissidens et le culte
juif, a-t-on entendu faire des actes de foi à l'égard
des cultes protestans qu'ils ne professent pas, et
du culte juif dont, apparemment, on n'approuve
ni les cérémonies ni les croyances ; le législateur
politique ne peut jamais être considéré comme
faisant un acte de foi, lorsque venant au secours
de la société offensée dans les religions qui y sont
établies et la protègent, il fait des lois pour punir
ceux qui en troublent l'exercice. Le législateur
ne fait alors qu'un acte de politique et de législation ; il use de son droit en tant qu'il est établi
pour donner des lois à la société, et il remplit
son devoir en tant qu'il n'a été créé législateur,
qu'afin de préserver la société de tous les périls
dont elle peut être menacée.

2° Toutes dispositions de loi relative à l'exercice des cultes admis dans un État, n'est pas la
preuve de la supériorité acquise par l'autorité
spirituelle. Les lois contre les blasphémateurs
et les sacrilèges, qui nous avaient été données
dans les temps antérieurs à la révolution, et
qui étaient beaucoup plus sévères que la loi
actuelle, étaient appliquées par les parlemens ;
or, ces parlemens ne furent pas, jusqu'au moment fatal de leur destruction, les instrumens
serviles de l'autorité sacerdotale ; ils n'employaient pas l'autorité qui leur avait été suc-

cessivement déléguée, à dégrader la puissance de nos rois et à détruire son indépendance.

L'origine du projet est dans l'opinion publique ; elle demandait depuis long-temps la loi; ce vœu a été exprimé par les tribunaux, par les conseils généraux des départemens et par les Chambres. C'est un besoin de l'État, qui ne peut vivre sans religion, et qui n'a, en effet, une religion qu'autant qu'elle est protégée.

3° L'exemple d'Athènes ne prouve rien ; il y a une différence entre le législateur d'Athènes refusant de prononcer des peines spéciales contre le parricide, et le législateur français refusant de porter des lois sur le sacrilège. A Athènes, le parricide échappait sans doute à des peines spéciales qui n'existaient pas ; mais il était atteint par la loi générale qui frappait l'homicide, et par-là du moins la société était satisfaite. Mais, si on supprime le titre premier du projet de loi, que fera-t-on ? à défaut de cette loi spéciale qu'on aurait rejetée, où serait la loi générale qui autoriserait les tribunaux à condamner le profanateur. (*Mgr. le Garde des Sceaux, chamb. Dép. séance du* 13 *avril, monit.*, n° 105.)

12ᵉ Objection. La loi confond l'outrage fait à Dieu, et l'outrage fait à la société. La religion n'est pas de ce monde.... La religion de l'État n'est pas nécessairement vraie, et cependant c'est ce principe qui sert de fondement à la loi....

De quel droit des hommes se permettraient-ils de distinguer entre les outrages dont Dieu est blessé, et les outrages qui ne blessent pas Dieu. Le sacrilège envers la société est une chose inintelligible; comment la société et Dieu se trouveraient-ils à la fois renfermés et compris dans un acte qui blesserait le dogme dans un sacrilège? Les lois françaises ne sont pas athées, et les gouvernemens ne sont pas les successeurs des apôtres.

Réponse. Observons d'abord l'ensemble de cette objection : la loi civile, ne peut pas établir des dispositions pour punir le sacrilège, sans reconnaître, sans juger nécessairement la vérité du dogme de la présence réelle; or, ce jugement excède la compétence de la loi civile. La loi civile en le portant, usurperait un pouvoir qui n'appartient qu'à la loi religieuse ; donc elle n'a pas le droit d'établir des dispositions pour punir le sacrilège. D'un autre côté, à la loi religieuse appartient sans doute le droit d'examiner et de juger la vérité du dogme de la présence réelle : mais il n'est pas dans ses attributions de créer des peines; ainsi la loi qui peut reconnaître la vérité du dogme, ne peut pas punir le profanateur, et la loi qui pourrait punir le profanateur, ne peut pas déclarer la vérité du dogme. Le sacrilège doit donc rester impuni.

Telle est en substance, et dans toute sa sim-
plicité naturelle, dit Mgr le Garde des Sceaux;
la doctrine si éloquemmeut développée contre
le projet. Est-elle exacte? Est-il vrai que la loi
civile n'ait pas le droit d'établir des peines civiles
contre les auteurs de profanations, lorsque ces
profanations sont extérieures et troublent l'ordre
établi dans la société civile.... C'est là toute la
question. Montesquieu la décide en faveur du
projet (Esprit des Lois, chap. 4.).

1° *La loi confond l'outrage à Dieu, et l'ou-*
trage à la société. Non, il n'y a pas de confusion. Il s'agit de punir un seul acte, lequel peut
avoir deux effets : le premier, de blesser la loi
religieuse, le second, de blesser la loi civile. —
Il n'y a que les seuls effets du sacrilège qui blessent l'ordre établi que punira la loi proposée. ,

2° *La religion n'est pas de ce monde!* On confond la religion qui est de ce monde, et le principe de la religion qui est, en effet, hors de ce
monde, parce que ce principe c'est Dieu. La
religion n'est que la science des rapports qui
existent entre Dieu et l'homme.

3° *La religion de l'Etat n'est pas nécessaire-*
ment vraie, et cependant, c'est sur cette vérité
nécessaire qu'est exclusivement fondé le projet!...
Ce n'est pas comme religion de l'Etat, que la religion catholique est vraie ; c'est comme religion
catholique. Une religion n'est pas vraie par cela

seul qu'elle est religion de l'Etat. Ce n'est donc pas pour déclarer que la religion de l'Etat est nécessairement vraie, que nous vous proposons d'adopter le projet de loi. Nous savons que ce n'est pas à la puissance civile, considérée comme puissance, qu'il appartient d'examiner et de juger les dogmes ; mais le législateur a reçu de la loi même qui l'a établi, le droit de considérer ce qui importe à la société. Lors donc qu'il trouve cette société soumise à des dogmes religieux, et qu'il comprend bien la mission élevée à laquelle il est appelé, il reconnaît sans peine qu'il est de son devoir de protéger ces dogmes et cette religion ; car, s'il ne les protégeait pas, la croyance religieuse s'anéantirait, la morale avec elle, et avec elle aussi la société.

C'est parce que la religion existe, c'est parce qu'elle a été admise, que le législateur est obligé de la protéger, et si pour cela des lois répressives sont nécessaires, il doit les faire. C'est pourquoi la loi n'est pas seulement pour protéger la religion catholique, mais pour protéger tous les cultes.

4° On n'a pas craint de distinguer entre les injures diverses qui sont faites à Dieu. C'est faux ; cette distinction n'est pas dans la loi. Etabli pour maintenir l'ordre dans la société, dit l'éloquent défenseur du projet, il est de mon devoir de rechercher quand et de quelle manière cet ordre est blessé, de distinguer entre les actions de l'homme, celles qui sont secrètes et mystérieuses, qui ne troublent rien, si ce n'est la conscience de celui qui en est l'auteur, et les actes publics qui troublent à la fois la conscience de l'auteur, la conscience publique et l'ordre établi dans la société, et je dis : ici s'arrêtera la vengeance de la société, non celle de Dieu, dont il ne m'appartient pas de mesurer l'étendue ; ici s'arrêtera la puissance de la loi civile, parce que plus loin cette loi ne serait pas nécessaire, car aucun désordre n'aurait été commis dans la société, aucun désordre ne pourrait donc être réparé par elle. *Vid.*, en outre, pages 21 et 44, pour ce qui reste de l'objection.

13ᵉ OBJECTION. « N'est-il pas étonnant que ce soit au nom d'une religion de douceur et de charité, d'une religion qui enseigne à ceux qui la professent à prier pour ceux-là même qui la persécutent, qu'on vienne demander l'approbation d'une loi de rigueur et de vengeance tout-à-fait opposée à son esprit et à ses maximes. »

A l'appui de cette objection, on a cité un passage de St-Hilaire, dans lequel il semble regretter le temps des persécutions.

RÉPONSE. Il est prescrit à l'homme de pardonner, mais une telle obligation n'est point imposée à la loi, et ne peut l'être. C'est de la confusion de l'un avec l'autre, que naît l'objection.

Quant au passage du St-Evêque de Poitiers,
il est ici sans application. Pour être convaincu
de cette vérité, il suffit de lire à quel sujet ce
saint docteur écrivait. On le trouve dans Fleury,
liv. 16, où nous renvoyons le lecteur. Il y verra
qu'après être sorti de Milan, à la suite de ses contestations avec Auxence, évêque arien, St-Hilaire
écrivait que l'Eglise n'a besoin d'aucun appui
temporel; mais nul rapport, nulle similitude ne
se rencontre entre les circonstances où il était
en 364, et celles où nous nous trouvons en
1825. Le passage cité ne porte aucune atteinte
au pouvoir du prince de tirer le glaive pour
frapper le méchant, selon qu'il est écrit : *Non
sine causâ gladium portat. St-Paul., ad Rom.
cap. XIII, v. 4.*

On a dit encore, après Fleury, *la vraie religion doit se conserver et s'étendre par les mêmes
moyens qui l'ont établie; la prédication accompagnée de discrétion et de prudence, la pratique
de toutes les vertus, et surtout d'une patience
sans borne.*

C'est exiger l'impossible. «Avons-nous, dit un
ancien curé, en réponse au discours de M. Royer-
Collard, les moyens de conserver et d'étendre ce
que nos pères dans la foi avaient pour l'établir?
Avons-nous des apôtres doués de l'infaillibilité?
avons-nous ces martyrs fécondant le territoire
de la foi par l'effusion de leur sang? avons-nous

en prêchant partout ce *domino cooperante* et *sermonem confirmante, sequentibus signis* ? »

Quand il plaira à Dieu de joindre les miracles, les progrès seront plus rapides... Mais, s'il ne lui plaît point de les y joindre, lui déplairait-il que nous cherchions à les suppléer en usant des moyens qu'il a mis à notre disposition, et que surtout il nous a offert en plaçant sa croix sur le front des Césars. Si la religion peut subsister indépendamment de leur protection, s'ensuivrait-il une défense d'accorder cette protection !

Concluons que les paroles de Fleury, pas plus que le passage de St-Hilaire, ne sauraient être invoquées contre la loi sur le sacrilège.

14° OBJECTION. Les accusés ne pouvant être distraits de leurs juges naturels, c'est à des jurés que l'affaire sera soumise. Si ces jurés sont protestans, ou catholiques non-croyants, comment ne pas craindre qu'ils se récusent, aucun motif de récusation n'étant plus impérieux que l'opposition de croyance?

RÉPONSE. Cette objection ne prouve rien contre la loi actuelle ; les jurés seront catholiques ou non , la loi s'en rapporte à leur conscience. S'ils méconnaissent le devoir qu'elle leur impose, les dispositions relatives au sacrilège n'en seront pas moins nécessaires et justes.

CHAPITRE TROISIÈME.

LOI

Pour la répression des Crimes et des Délits commis dans les Édifices ou sur les Objets consacrés à la religion catholique ou aux autres cultes légalement établis en France.

TITRE PREMIER,

Du Sacrilège.*

ARTICLE PREMIER.

La profanation (1) des vases sacrés et des hosties consacrées (2) constitue (3) le crime de sacrilège (4).

---

* *Du Sacrilège.* Cet intitulé donna lieu à des réclamations. A ce sujet, M. le marquis de Bonnay fit observer qu'il était facile de s'apercevoir que l'un des plus puissants motifs de l'opposition que le projet éprouvait, était l'effroi qu'inspirait à certains esprits l'intitulé même du titre premier ; qu'il ne partageait point lui-même cet effroi, mais qu'on pouvait le concevoir ; que le mot de *sacrilège*, pris substantivement dans un sens absolu, avait quelque chose de vague et d'indéterminé, qui pourrait un peu prêter à de fâcheuses interprétations. Il proposa de l'employer comme adjectif, en substituant à l'expression du projet, celle d'*attentat sacrilège*, qui ne pouvait donner lieu à aucune extension fâcheuse, ajoutant qu'en cas de difficulté à cet égard, on pourrait adopter avec avantage le mot de *crime sacrilège*. On peut croire même, dit-il, qu'avec toutes les circonstances d'intention exigées dans la définition du crime, l'application de la peine capitale sera bien rare [1].

Un autre pair (M. le comte de Bastard), proposa de prendre pour titre : *Des outrages contre les hosties consacrées et les vases sacrés* [2].

Ces propositions ayant pour objet de modifier l'intitulé du titre, on demanda d'appeler d'abord sur cet intitulé la délibération de la Chambre [3] ; mais Mgr. le Garde des Sceaux pensa, au contraire, que la délibération devait s'établir d'abord sur les amendemens proposés aux articles eux-mêmes. « Si les définitions nouvelles, dit-il,

---

[1] Séance du 14 février, chamb. des Pairs, n. 49. Mon.
[2] Même séance.
[3] Même séance.

que ces amendemens ont pour but d'établir,
étaient adoptées, l'intitulé que proposent leurs
auteurs devrait sans doute l'être aussi ; mais cet
intitulé ne peut faire l'objet d'une délibération
spéciale , et dépendra nécessairement du choix
que fera la Chambre entre les articles du projet
et les amendemens que l'on y propose. »

Ce mode de délibérer fut adopté, et, sur les
observations de Mgr. le garde des sceaux, les
amendemens proposés furent rejetés. *Vid.* ces
observations, note 4, sur l'article premier.

. D'autre part, on dit que le titre premier de la
loi était contraire à l'esprit et au texte de la
Charte ; que la loi était pleine de menaces contre notre droit public constitutionnel; qu'elle
était un contre-sens dans l'état actuel de nos
mœurs , et une offense à l'opinion publique ;
enfin , qu'elle serait funeste à la religion.

... Mgr le Garde des Sceaux répondit : Ce titre
est fondé sur deux principes également certains
et incontestables : le premier, que l'autorité
publique doit une protection *complète* à tous
les cultes qui sont admis dans le royaume , et
que la protection ne saurait être complète,
lorsqu'elle ne comprend qu'une partie des dogmes qui constituent ces cultes : le second principe , c'est qu'il est du devoir de l'autorité publique de punir tous les actes qui troublent

l'ordre établi, et que nulle action n'est plus propre à troubler l'ordre établi dans une société, que celles qui offensent au plus haut degré la religion que cette société a adoptée. (Ch. D. S. 13 avril, Monit. n° 105.) *Vid.* note sur les articles 1 et 2.

On a raisonné conséquemment, dit M. Duplessis Grénédan (s. 13 avril, n° 106), lorsque séparant l'homme de Dieu, on a dit : on ne doit point punir le sacrilège. En effet, pour quiconque envisage l'homme et les sociétés humaines, séparément de Dieu, le sacrilège n'est pas. Mais les envisager ainsi, c'est séparer ce qui est inséparable par sa nature. Les sociétés humaines ne peuvent pas plus subsister qu'elles n'ont pu exister sans Dieu : c'est lui qui les gouverne véritablement ; l'ordre légitime qui les régit et les conserve est son ouvrage; les lois sont sa volonté ou ne sont rien ; toute autorité émane de lui; c'est de lui que les rois tiennent leur puissance... Non seulement il a formé les peuples et les conserve, mais il tient leurs destinées dans ses mains, et les fait disparaître quand il veut de la face de la terre. Donc celui qui s'attaque à Dieu, attaque le principe et la vie de la société tout entière. Il porte la coignée à la racine de l'arbre.... Et comme tous les hommes, et particulièrement tous ceux qui composent une nation, sont solidaires, le sa-

crilège menace du courroux céleste toute la société dont il fait partie, car si le crime n'est pas
expié par le coupable, il faudra qu'il le soit par
la société qui épargne le coupable...

Mettre au-dessus du sacrilège quelque peine
que ce soit, c'est mettre l'homme au-dessus de
Dieu, et en même temps blesser la justice envers
les hommes, car la justice veut que les peines
soient proportionnées à la grièveté des crimes,
et il n'y en a point de plus grand par son objet
que le sacrilège, ni de plus redoutable à l'humanité (Duplessis-Grénédan. 13 avr., n° 106);

Quant aux autres objections faites contre ce
titre, *vid.* leurs réfutations dans le chap. précédent.

(1) *La profanation.* Dans son sens grammatical, ce mot signifie l'action de profaner les
choses saintes, ou les irrévérences commises
contre les choses de la religion. *Dictionnaire de
l'Académie.*

Dans le langage de la loi, il signifie toute voie
de fait sur les vases sacrés ou sur les hosties
consacrées, avec les circonstances dont il sera
parlé dans l'article suivant.

Un Pair (M. Bastard) proposa de substituer,
dans la rédaction de l'article premier, l'expression d'*attentat public,* à celle de projet, de sorte
qu'au lieu d'être rédigé comme on l'a vu ci-
dessus, cet article l'aurait été comme suit :

« Art. 1.er Toute personne qui se sera rendue
» coupable d'un attentat public contre les hos-
» ties consacrées, par voie de fait commise
» volontairement et par haine ou mépris de la
» religion, sera punie de la déportation. »

Mais cet amendement qui portait, comme on
le voit, sur la définition du crime et sur la disposition pénale, fut rejeté, d'après les observations de Mgr le Garde des Sceaux, rapportées
note 4e. du présent article.

(2) *Hosties consacrées*. Il n'y a pas de doute,
lit-on dans le rapport de la commission des
Députés, que la loi n'ait entendu que sous cette
expression sont comprises les deux espèces.

M. Duplessis-Grénédan, au contraire, déclara
que jamais le vin consacré ne serait censé compris sous les mots d'*hosties consacrées*. Il n'est
pas besoin, dit-il, de prétextes aussi plausibles
à des jurés pour se dispenser d'affirmer, quand
il s'agit d'une peine capitale [1].

Entre ces deux opinions, celle exprimée dans
le rapport nous parait être préférable : en effet,
elle est conforme au principe de la loi, et à la
règle : *ubi eadem ratio, ibi idem jus.* Il n'y a pas
de motif pour s'écarter de cette règle en cette
matière. Ce rapport est le fruit de la réflexion,

---

[1] Chamb. des Dép., séance du 15 avril, Monit., n. 106.

mûri et adopté dans le calme. OEuvre de la commission, il est censé l'être aussi de la Chambre entière. M. de Grénédan, au contraire, semble ne craindre que la non application de la peine. L'opinion qu'il émet en cette occasion, paraît être moins l'effet d'un examen approfondi, que le produit d'un mouvement oratoire, dans le moment qu'une grande agitation se manifestait dans l'assemblée.

(3) *Constitue* ; le projet portait : *est crime de sacrilège* ; mais M. de Saint-Roman dit que pour plus de clarté, il était nécessaire de modifier cette rédaction, en y substituant le mot *constitue*. Mgr le Garde des Sceaux ne s'opposa point à cette substitution ; il fit remarquer seulement que dans le projet, on s'était servi des termes mêmes que le Code pénal (art. 86) emploie dans la définition du crime de lèse-majesté.

Le mot *constitue*, dit-on, semble exclure tous autres faits que ceux qu'il désigne. Combien de profanations en tout genre qui resteront impunies ; la loi est donc incomplète, et tel est le reproche qui lui a été fait dans l'une et l'autre Chambre.

Mais, à cet égard, M. le rapporteur de la commission des Députés fit observer que, dans l'art. 2, on trouvait l'expression générale *toute voie de fait* ; ce qui embrassait beaucoup de cas par-

ticuliers ; que si quelques-uns restaient impré-
vus, ce n'était point une raison pour rejeter
la loi ; que les voies de fait indiquées par l'art.
2, étaient déclarées des profanations, mais que
cet article était loin de dire qu'il ne pouvait pas
y en avoir d'autres ; comme l'art. 1ᵉʳ, en déclarant que, la profanation des vases sacrés et des
hosties consacrées constitue le sacrilège, ne dit
point qu'il n'y ait d'autres sacrilèges. Les titres
2 et 3 en reconnaissent d'autres ; il n'appartient
pas à l'homme, ajouta-t-il, d'enlever à un fait
la criminalité qui y est inhérente, mais le législateur peut et doit souvent restreindre les cas
à poursuivre, suivant qu'il le juge utile ou dangereux à la société. Les autres crimes sont aban-
donnés à la justice suprême. Cette distinction à
faire est délicate, mais il entre dans le pouvoir
et dans le devoir du législateur de la faire.

La loi définit le sacrilège. « Le voilà donc, dit
M. Figarol [1], renfermé dans les limites qu'on
ne peut point dépasser ; il est de principe que
les définitions incomplètes, en matière criminelle, excluent tout ce qui n'est pas compris
dans la définition. En effet, suivant le Code
d'instruction criminelle, ce qui n'est pas qualifié
crime par la loi ne saurait être même l'objet
d'une accusation. Art. 221 et 229.

. 1 Séance du 15 avril, Mon., n. 105.

(4) *Sacrilège.* Le dictionnaire de l'Académie définit le sacrilège, une action impie, par laquelle on profane les choses sacrées, ou l'on attente sur une personne sacrée.

Il y a deux espèces de sacrilège, savoir : la nu-profanation, autrement dit sacrilège simple, et le vol sacrilège. La première est le crime de celui qui, sans autre besoin qu'une aversion insensée pour Dieu, dont il brave la puissance, se complaît à exercer sur les vases saints de stériles et détestables outrages.

La seconde est l'action de dérober, par cupidité ou par besoin, des objets consacrés à la religion.

La première espèce est un crime infâme, plus exécrable que la dernière espèce ; elle caractérise une perversité bien plus profonde ; elle porte une atteinte bien plus dangereuse à la religion, et elle offense bien plus témérairement la société [1].

La nu-profanation a pour objet les vases sacrés ou les hosties consacrées. Dans le premier cas, c'est un crime énorme ; dans le second cas, c'est un bien plus grand attentat, abstraction faite de l'outrage à Dieu, et sous le rapport de la société seulement. *Vid.* Note 3 sur l'art. 2.

---

[1] *Vid.* Exposé des motifs et le rapp. des deux Comm.

L'emploi de cette expression *sacrilège*, donna lieu à une longue discussion. Les adversaires dirent que ce mot était effrayant et vague. Les uns le rejetaient absolument, les autres proposaient d'y substituer le mot d'*attentat sacrilège*; d'autres, enfin, celui d'*outrage* : on prétendait aussi que le terme générique de sacrilège ne pouvait être défini que par la loi canonique, et qu'il s'appliquait également au crime dont il s'agit et à une foule d'autres actes que la loi ne saurait ni prévoir ni punir; le sacrilège, dit-on enfin, n'était d'abord, dans la législation de l'ancienne Rome, que le vol des choses sacrées, et à quels excès n'en vint-on pas ensuite par l'extension de ce mot dangereux !

Le crime de sacrilège, répondit M. de Chenevaux, D., diminuerait-il de son intensité, de sa gravité, par le fait seul d'une tout autre qualification qu'on lui donnerait? Non. Ce serait admettre une véritable subtilité d'esprit. Le législateur qui a voulu prévoir et punir les outrages et voies de fait, ne devait pas hésiter à employer le mot sacrilège. C'est la seule qualification qui lui appartienne, qui le dépeigne le mieux, et qui, dans le langage, soit la plus usitée [1].

---

[1] Chamb. des Dép., séance du 11 avril, n. 104.

Mgr le Garde des Sceaux avait dit, avant ce
député: On ne conçoit point les alarmes que paraît
exciter le mot de sacrilège. La modification proposée est sans utilité, puisqu'elle laisse subsister
ce mot : elle est de plus dangereuse, car la pensée dominante du projet a été de ne punir le
sacrilège que lorsqu'il est consommé par un acte
de profanation, et non la simple tentative ; et cependant c'est ce qui résulterait de l'emploi du
mot d'*attentat*. Aux termes du Code pénal, article 88, en effet, l'attentat existe dès qu'un acte
est commis ou commencé pour parvenir à son
exécution, et quoiqu'il n'ait pas été consommé.
Cette définition donnerait une latitude vraiment
effrayante. Il faut prévenir tous les doutes et
empêcher les controverses. La loi veut punir,
non la profanation préparée, mais la profanation
consommée, et c'est ce qu'elle exprime d'une
manière complète par le mot de voie de fait.
Vid. infrà, note 1re sur l'art. 2.

Mgr le Garde des Sceaux repoussa de cette manière les expressions proposées *attentat sacrilège*,
attentat public, de même que cette locution
crime sacrilège, proposée pour intitulé du titre,
parce que, dit-il, elle ne serait pas en harmonie
avec nos loix pénales, qui ne caractérisent le
crime que par les circonstances de fait qui les
accompagnent, et non par des qualifications plus
ou moins exactes.

4.

Dans le système des amendemens, on supprimait la juste distinction établie par le projet, entre la profanation des vases sacrés et celle des saintes hosties. Ces deux crimes ne peuvent être placés au même rang, ajouta-t-il ; leur appliquer la même peine serait évidemment ou un excès d'indulgence à l'égard du profanateur des saintes espèces, ou un excès de rigueur à l'égard du profanateur des vases sacrés.

On a prétendu qu'on satisferait toutes les consciences et qu'on écarterait tous les dangers, en substituant au mot sacrilège l'expression d'*outrage*. Mais, dans le langage de nos lois pénales, ce mot est beaucoup trop faible pour exprimer l'idée qu'on veut y attacher ; il n'est employé dans le Code que pour caractériser de simples délits ; il n'exprime qu'une offense, et ici on veut le faire servir à la définition du plus grand des crimes.

L'outrage qui n'est considéré dans notre législation que comme un délit, se commet d'ailleurs de plusieurs manières qui n'ont aucun rapport avec la profanation. Les gestes et les paroles, par exemple, sont quelquefois des outrages ; les gestes et les paroles ne peuvent constituer la profanation, qui est nécessairement un acte direct et matériel et qui n'existe qu'autant que cet acte est consommé.

Quant à l'objection prise de ce que le sacrilège

n'appartient qu'à la loi canonique, elle n'est d'aucun poids. La loi religieuse, sans doute, peut seule définir et punir le sacrilège qui ne consiste que dans un acte intérieur, dont l'apréciation appartient à Dieu, mais lorsque le sacrilège est extérieur, lorsqu'il blesse profondément la société, c'est à la loi civile à le réprimer, c'est à elle aussi à le définir; et le législateur s'exposerait à de justes reproches, si, énonçant dans la loi un crime qui n'y était pas encore compris, il n'en donnait une définition claire, qui indique à l'avance ce qui doit être considéré comme crime, et qui ne permette ni au coupable d'échapper à une juste répression, ni au juge de donner au crime une extension qui ne serait pas dans l'esprit de la loi... La rédaction du projet, dit encore le ministre, donne aux peuples une grande leçon, un grand exemple du respect dû à la religion sainte que la France a le bonheur de professer, et dont la pratique n'est pas moins nécessaire à l'homme, dans l'ordre temporel, que dans l'intérêt de son éternité.

ARTICLE 2.

Est déclarée profanation, toute voie de fait (1) commise volontairement (2) et par haine ou mépris de la religion (3) sur les vases sacrés ou sur les hosties consacrées (4).

Cet article est tel qu'il se trouvait dans le projet de loi. — Un député (M. Miron de l'Espinay), dit : La peine que la loi prononce contre
le sacrilège n'a et ne doit avoir pour objet, ainsi
qu'on l'a fait remarquer dans la Chambre des
Pairs ; que de réprimer des actions qui, par
leur nature , troublent essentiellement la société , et menacent son existence. Ces cas doivent
être rares; ils doivent être circonscrits par la
loi à un très-petit nombre d'espèces d'une évidente gravité; aussi, dans la définition , elle
restreint ce crime à deux sortes de profanations : celle des hosties consacrées, et celle des
vases sacrés [1].

(1) *Toute voie de fait* : La loi ne veut punir
que la *voie de fait*, c'est-à-dire la profanation
consommée. C'est d'après cette observation
faite par Mgr le Garde des Sceaux [2], qu'un Pair
(M. le comte de la Bourdonnaye) renonça à
remplacer l'expression du projet par celle *d'attentat*, qui est susceptible d'une double interprétation.

(2) *Commise volontairement* : Le même Pair
(M. de la Bourdonnaye) proposa un amendement tendant à retrancher de la disposition les
mots : *volontairement, et par haine ou mépris*

---

1 Chamb. Dép., séance du 12 avril, Mon., n. 104.
2 Chamb. des P. , S. du 14 fév., Mon., n. 49.

de la religion. En laissant subsister ces mots ;
ce serait, dit-il, offrir au coupable dans le texte
même de la loi, des moyens d'échapper à sa
juste sévérité : nul besoin de recourir à la question intentionnelle; le fait prouve l'intention.
On ne peut prétendre que la profanation soit involontaire ; les conjectures des témoins, la dé-
négation ou l'aveu de l'accusé, sont insigni-
fians, il faut juger des motifs par les actes qui
les révèlent [1].

Cet amendement ne fut pas alors appuyé. Proposé de nouveau dans la Chambre des Députés,
par M. Ferd. Berthier, il fut rejeté.

L'expression *voie de fait*, devrait exclure le
mot *volontairement* qui lui est joint, dit ce député ; un acte non défini peut être *volontaire*
ou *involontaire*, mais on ne peut jamais se porter à une voie de fait, qu'avec une volonté déterminée, que *volontairement.* Ce mot est donc
au moins inutile [2].

Le mot *volontairement* a été employé comme
dans plusieurs autres définitions de crimes, en
opposition avec les cas d'imprudence, de lé-
géreté, d'irréflexion, coupables sans doute,
mais à un moindre degré. Les peines sont si

---

[1] Ch. P., S. du 14 févr., Monit., n. 59.
[2] Ch. Dép., S. du 11 avr., Monit., n. 102.

graves, dit le rapporteur de la Comm. D.,
qu'on a cru devoir ajouter un mot dont l'idée
d'ailleurs est toujours inséparable du crime, et
sous-entendue; et remarquons bien, ajouta-t-il,
que la preuve de la volonté, jointe à la haine
et au mépris de la religion, suppose en quelque
sorte la publicité, et ne permet pas de redouter
l'application fréquente de la peine encourue par
la profanation. *Vid. infrà* au mot *publiquement.*

C'est, dit Mgr le Garde des Sceaux, la volonté d'outrager la religion, qui rend criminel
celui qui commet le sacrilège... C'est dans l'art.
64 du Cod. pén., que se trouve écrit le principe
général en vertu duquel l'union du fait et de
la volonté est nécessaire pour constituer le crime.
Mais, indépendamment de cet article et de celui
qui définit l'homicide, plusieurs autres encore,
tels que les art. 356, 437, 439, prescrivent formellement la recherche et l'examen de la volonté... La question intentionnelle n'est point
effacée de notre législation criminelle... Il est
incontestable que par la manière dont le juri
est aujourd'hui provoqué à rendre sa décision,
il s'explique nécessairement et forcément sur la
moralité du fait, c'est-à-dire, sur l'intention de
celui qui en est l'auteur... L'article 146, C. P.,
exige aussi la recherche de l'intention, puisqu'il
punit l'officier qui, en rédigeant des actes, en
aura *frauduleusement* dénaturé la substance.

Le mot *frauduleusement* suppose bien qu'il est nécessaire de rechercher l'intention.... Il y aurait confusion entre le vol sacrilège, et le sacrilège indépendant du vol, si l'on efface ces circonstances qui les font distinguer.

Quel est donc celui qu'on devra déclarer coupable de sacrilège ? porte l'exposé des motifs. C'est celui qui aura eu réellement la volonté de profaner les choses sacrées, et qui aura eu nécessairement la certitude de leur consécration. Or, quant aux *choses sacrées* dont la profanation peut constituer le sacrilège, elles sont déterminées, savoir : les vases sacrés et les hosties consacrées. Et quant à la certitude de leur consécration, les signes à cet égard sont également certains. *Vid. infrà*, notes sur l'art. 3.

La volonté, porte encore l'exposé des motifs, est le principe essentiel, et si l'on peut parler ainsi, la condition de toute action criminelle. Il faut que la volonté soit déterminée par le désir d'outrager la religion, parce que c'est précisément ce désir impie qui constitue le sacrilège. Combien de fois, des hommes qui n'étaient point engagés dans les ordres sacrés, n'ont-ils pas porté leurs mains volontairement, et pourtant sans crime, sur des vases employés aux cérémonies de

---

[1] Chamb. Dép., S. du 13 avril, Monit., n. 105.

la religion ? Qu'un incendie éclate et dévore le sanctuaire d'une église, qui hésitera à saisir les vases sacrés et même à les jeter au loin, s'il le faut, pour les soustraire à la destruction? il y a voie de fait, volonté, mais non désir d'outrager la religion.... Les circonstances du crime manifesteront toujours les motifs qui auront excité à le commettre. L'action de renverser par inadvertance, un vase sacré, et l'action de le saisir avec violence, de le fouler aux pieds, de le briser et de le souiller, ont des signes matériels qui marquent fortement leurs différences et qui en font aisément discerner les causes. Il n'en est pas autrement dans les dispositions du Code pénal. Ce Code exige pour qualifier de meurtre l'homicide, qu'il ait été commis volontairement, et pour le qualifier d'assassinat, qu'il ait été commis volontairement et avec préméditation, ou guet à pens. C'est par les circonstances de fait qu'on juge de la volonté et de la préméditation, et personne ne s'est jamais plaint que la définition de l'assassinat et du meurtre fût un obstacle à la condamnation des meurtriers et des assassins.

(3) *Haine* ou *mépris* (Voyez la note précédente *in-fine*). Un voleur prend un ciboire, mais avant de l'emporter, il dépose les saintes hosties dans le tabernacle. Il y a véritablement profanation, lit-on dans le rapport de la Commis-

sion D., mais aussi il y a un reste de foi, de
crainte de la religion. La cupidité seule entraîne
le coupable, il ne subira que les travaux forcés.
Il serait condamné à mort, si la dispersion des
hosties, ou quelqu'autre circonstance, faisait connaître son mépris ou sa haine pour la religion.

Dans ce dernier cas, il y aurait sacrilège
simple et vol sacrilège tout à la fois, ce qui
donnerait lieu à l'application de la peine la plus
forte, aux termes du Code pénal.

Les mots *haine ou mépris de la religion*, dit
M. Ferdinand de Berthier, D. (*Séance*, 11 avril,
Mon., n° 102.) présentent de graves inconvéniens. J'ai toujours regardé comme fâcheux de
faire dépendre les jugemens des hommes, non
pas des actes extérieurs, les seuls qu'ils puissent
apprécier, mais de l'intention, qui ne peut être
connue que de Dieu. N'est-ce pas dans bien des
circonstances, préparer l'absolution des coupables ?

M. Duplessis de Grénédan demanda aussi la
suppression de ces mots *haine et mépris*. Que
sert, en effet, dit-il, que l'article 6 du projet
de loi prononce la peine de mort contre le sacrilège, lorsque l'art. 2 en rend l'application
impossible ? Si l'on avait cherché, d'un côté, à
satisfaire l'opinion publique, qui réclame hau-
tement une loi protectrice de notre culte, et de

l'autre, à ménager un parti dont les clameurs en imposent encore par le souvenir des maux qu'il a faits, on n'eût pu mieux atteindre ce but, qu'en alliant dans une même loi, deux articles, dont l'un paralyse les effets de l'autre [1].

·' Le même député avait déjà proposé de rédiger la définition comme suit : « Le sacrilège est la profanation ou l'abus de toute chose sacrée ». Ces propositions furent rejetées. *Vid. suprà* : note 2, sur le présent article. Mgr. le Garde des Sceaux fit remarquer que les mots *haine ou mépris* étaient destinés à désigner la cause impulsive du crime. Nous croyons faire plaisir à nos lecteurs, et en même temps leur être utile, que de rapporter ici les paroles de cet illustre et éloquent défenseur du projet : « Je consentirais sans peine, dit-il, au retranchement de ces mots, premièrement, s'ils exprimaient une idée fausse, c'est-à-dire, si les circonstances qu'ils désignent, n'étaient pas en effet caractéristiques du crime qu'il s'agit de prévenir et de réprimer. Secondement, s'ils n'exprimaient pas une circonstance qu'il est évidemment nécessaire d'indiquer dans la loi. »

Or, ces mots n'expriment point une idée fausse; car, supposez une voie de fait commise même volontairement, sur des vases sacrés,

---

[1] Chamb. Dép., S. du 14 avril, Monit., n. 107.

ou sur les espèces consacrées , et supposez en
même temps que cette voie de fait n'ait pas été
commise par haiue ou par mépris de la religion ;
dites-moi quel sera le juge, j'allais presque dire
le bourreau , qui osera prononcer la ,condam-
nation ? La condamnation ne pourra être prononcée justement, que lorsque l'action aura été
commise avec l'intention bien arrêtée , de porter à la religion catholique , la plus profonde
blessure qu'elle puisse recevoir de la main des
hommes. La *haine* et le *mépris* sont donc, en
effet, la circonstance caractéristique du crime
qu'il s'agit de définir.

Mais, pourquoi cette définition ? le ministre
en prouve la justesse, et ensuite la nécessité.
Supposons, dit-il, que cette nécessité ne soit
pas aussi évidente qu'il me sera facile de l'établir,
je vous dirai que, sans la circonstance particulière d'où résulte cette nécessité, je pourrais consentir sans crainte à la suppression que vous me
demandez, et que les résultats ne seraient point
tels que vous le supposez. Ne croyez pas que le
juré ait besoin de l'insertion de ces mots dans la
loi, pour rechercher quelle a été la cause morale
du fait, l'intention secrète de celui qui s'en est
rendu coupable. On a dit qu'il n'appartenait
pas à l'homme de descendre dans la conscience
de l'homme ; qu'il n'appartenait pas aux jurés
d'interroger la volonté d'un accusé. Cela appar-

tient tellement aux juges, que le juge et le juré sont institués à la fois pour juger le fait et la moralité du fait. Ils ne peuvent pas définir le fait selon ses caractères légaux, s'ils ne l'ont pas défini auparavant selon les caractères que lui imprime la cause morale qui l'a déterminé. C'est lorsque le juré a acquis la certitude que l'auteur du fait a voulu commettre un crime, qu'il peut seulement déclarer la culpabilité. Aussi, les juges ne se bornent-ils pas à demander aux jurés si le fait est constant et si l'accusé en est l'auteur; la loi les oblige à demander aussi aux jurés si l'accusé est coupable, ce qui emporte l'idée de la volonté qui a déterminé le fait. Il n'y a depuis long-temps aucune incertitude sur ce point dans l'esprit des législateurs; on sait bien que le juré, en répondant : *oui, l'accusé est coupable*, exprime par là son jugement sur la moralité de l'action.

2° Sous deux rapports différens, il y a nécessité de maintenir dans le projet de loi, les mots qu'on propose d'en retrancher. Nécessité morale et politique, et nécessité matérielle et de logique.

La nécessité politique résulte des discours entendus, des opinions qu'on a cherché à répandre. il est nécessaire de rassurer ceux qu'on a voulu inquiéter contre les intentions du pouvoir, et contre les intentions des Chambres : il faut ne

laisser aucun prétexte à la calomnie. Cette nécessité résulte de la gravité de la peine : on verra
que, lorsque nous portons des lois criminelles,
nous entendons en même-temps élever des bar-
rières que ne puissent franchir des juges en-
traînés par un zèle peu éclairé.

Il y a nécessité matérielle. Comment, au
simple aspect de la loi, ne l'a-t-on pas aperçue?
De quoi cette loi se compose-t-elle? De deux
parties principales, qu'il est imposible de confondre. Par la première, on se propose de punir
le sacrilège indépendant du vol ; par la deuxième,
le vol accompagné de sacrilège.-Cette distinction vient-elle de la différence des dogmes
professés par les divers cultes admis dans le
royaume? Non. Elle vient de ce que le sacrilège,
lorsqu'il n'est déterminé que par le seul désir
d'outrager la religion, est beaucoup plus coupable, aux yeux de la religion et de la société,
que lorsqu'il est déterminé par la cupidité ou
par le besoin. Le sacrilège, qui est l'expression
d'une haine atroce contre Dieu, est le plus exécrable crime qui puisse outrager la religion et
la société. Le vol sacrilège, au contraire, bien
qu'il constitue aussi une offense très-grave envers la société, a pour principe, un motif bien
moins criminel.

Ce principe une fois posé, comment contestester la nécessité de conserver dans l'art. 2, les mots : *par haine ou mépris de la religion*, en opposition à l'art. 8, qui n'est destiné qu'à punir le vol sacrilège, et qui le punit d'une peine moindre que le sacrilège simple ? Supposez que les mots dont il s'agit ayent été retranchés de l'art. 2, la définition sera réduite à ces termes : est déclarée profanation, toute voie de fait commise volontairement sur les vases sacrés ou sur les hosties consacrées. Maintenant, supposez qu'un misérable, poussé par la faim, vole des vases sacrés, ne serait-il pas évident qu'il aura commis une voie de fait, avec volonté, sur les vases sacrés, et qu'ainsi toutes les circonstances dont se composera alors l'art. 2, seront applicables à celui qui ne devrait être puni qu'en vertu de l'article 8, comme un voleur sacrilège. Ainsi disparait la distinction si sagement établie par tous les hommes éclairés, par les véritables amis de la religion, par les vrais publicistes. Votre loi deviendra confuse et ne pourra obtenir l'assentiment de personne. S'il est vrai que vous ne veuillez pas tomber dans cette confusion, il faut maintenir la distinction que nous avons établie ; il faut que la partie de la loi destinée à punir le sacrilège simple ne puisse pas s'appliquer au vol sacrilège. L'honneur de la loi et le vôtre sont intéressés à la conservation des mots : *par haine ou mépris pour la religion.*

Il est évident qu'en retranchant ces mots, qui sont caractéristiques, la loi serait vraiment incohérente, et qu'on pourrait appliquer aux accusés deux dispositions prononçant des peines différentes, celles introduites par les art. 4 et 8 (*Mgr le Garde des Sceaux, Chamb. des Dép.,* séance du 13 avril, *Mon.*, n° 105).

(4) *Hosties consacrées.* Ici, le rapporteur de la Commission des Députés se servit de l'expression *attentat déicide*, ce qui ne manqua pas d'être relevé par les adversaires de la loi. Il répondit que l'observation était juste, sans doute, si l'on s'en tenait au sens grammatical des mots, mais qu'il était facile de se convaincre, en lisant le rapport même, que cette expression n'y était destinée qu'à peindre plus fortement l'énormité du crime, et non à le définir juridiquement. La loi du sacrilège n'est pas pour venger un *attentat déicide*; impossible à l'homme d'exercer une pareille vengeance; mais elle est portée contre un attentat à la société. On ne confond point les rapports de l'homme avec Dieu, et les rapports de l'homme avec la société.... Si la religion est le premier besoin des peuples, le premier devoir des gouvernemens est de la faire respecter. Si la religion est la base des Etats, quiconque l'ébranle, se rend coupable d'un crime de lèse-société humaine (*Mgr le ministre des Aff. Eccl.*

5

Vid. son discours aussi élégamment écrit que
profondément pensé (C. D., 12 avril, M. n. 105).

En parcourant de nouveau le projet de loi,
dit M. Lacaze, D. (séance du 14 avril, Monit.,
n. 106.), on a trouvé étrange l'expression d'*attentat déicide*, pour définir l'infâme délit du
sacrilège simple. Les profanations sacrilèges
peuvent être appelées, il est vrai, des crimes de
lèse-majesté divine; mais ceux qui disent qu'il ne
peut y avoir de déicide, proprement dit, parce
que ce mot est un néologisme, et qu'on ne peut
tuer l'Être impérissable qui est, qui fut, et qui
sera toujours, tombent dans une grave erreur.
Le catholique sait que son Dieu, devenu le fils
de l'homme, est mort sur la croix pour son salut, et que, chaque jour, revêtu de la même
humanité, la même victime est offerte sur nos
autels. Or, si on a pu traiter, avec juste raison,
les juifs de déicides, lorsqu'ils ont condamné
aux plus affreux tourmens le Fils de l'Homme,
s'annonçant Fils de Dieu et Dieu lui-même,
pourquoi né pourrait-on pas qualifier de la
même manière tout sacrilège commis envers la
double victime de notre salut? Ceux qui refu-
sent à ce crime le nom d'attentat déicide ne sont
donc point catholiques; ils repoussent les dogmes
de notre religion et trahissent les sectes auxquelles ils appartiennent, ou l'indifférence qui
les inspire.

Hosties consacrées : Quid si la consécration était l'œuvre d'un prêtre interdit ou non approuvé canoniquement ?

Il n'appartient pas à l'autorité civile de connaître si le prêtre a caractère suffisant, ni de juger s'il y a ou non consécration réelle et valide ; il suffit, pour constituer le sacrilège, qu'il y ait voie de fait, publicité, scandale, volonté, haine ou mépris, relativement à des hosties *réputées consacrées*. La loi civile a pu seulement indiquer des signes de consécration ou les déterminer, et c'est ce qu'elle a fait dans l'art. 3.

Ces signes sont-ils infaillibles ? En d'autres termes, doivent-ils céder, s'il est démontré que la consécration n'a pas eu lieu ?

La décision de cette question se trouvera dans la discussion de l'article suivant. Elle a pour objet de savoir, en effet, si l'on peut détruire la preuve légale établie par cet article, c'est-à-dire, si cette preuve légale n'exclut point toute autre preuve, comme dans le cas des présomptions *juris et de jure*, contre lesquelles toute preuve est inadmissible.

ARTICLE 3.

Il y a preuve légale de la consécration (1) des hosties, lorsqu'elles sont placées dans le tabernacle ou exposées dans l'ostensoir (2) et

5.

lorsque le prêtre donne la communion ou porte le viatique aux malades (3).

Il y a preuve légale de la consécration du ciboire, de l'ostensoir, de la patène et du calice, employés aux cérémonies de la religion, au moment du crime.

Il y a également preuve légale de la consécration du ciboire et de l'ostensoir enfermés dans le tabernacle de l'église ou dans *celui de la sacristie* (4).

----

(1) *De la consécration.* Pour ne laisser aucun doute sur la consécration des saintes espèces et des vases sacrés, pour donner satisfaction à la justice et remédier en même temps aux dangers de l'impunité, il était indispensable que la loi déclarât, d'une manière précise, à quels signes et par quelle preuve légale, la consécration serait reconnue. L'article 3 les indique clairement.

Ce sont des faits simples, faciles à vérifier, dit le rapporteur de la commission de la Ch. Dép., mais ces signes sont infaillibles. Par-là, les discussions difficiles seront prévenues, les doutes fâcheux seront dissipés, les décisions arbitraires seront évitées, et la justice rassurée ne pourra craindre ni les faiblesses, ni les erreurs, ni les préjugés de ses interprètes.

Il ne s'agit pas ici de prononcer sur un point du dogme, sur un article de foi, dit M. Figarol, Dép., mais bien de décider un fait, savoir : si l'hostie est censée être consacrée, lorsqu'elle est placée dans le tabernacle, ou exposée dans l'ostensoir, ou lorsque le prêtre donne la communion, ou porte le viatique aux malades.... On ne peut raisonnablement supposer, ajouta-t-il, que le prêtre présente à l'adoration ou à la communion, une hostie qui n'aurait pas été consacrée. Une pareille supposition blesserait trop la vraisemblance et la vérité, pour pouvoir être admise.... Les présomptions contraires sont tellement fortes, qu'elles tiennent de l'évidence, et, dès lors, c'est avec raison que la loi les a converties en preuves légales [1].

Il n'existe pas, dit un autre Député [2], de signes matériels auxquels on puisse reconnaître qu'une hostie est consacrée, ou qu'un vase est sacré. Un vase peut être sacré aujourd'hui, et demain avoir cessé de l'être. Une hostie peut donc, dans certaines circonstances, réunir toutes les présomptions qui établissent qu'elle est consacrée, et cependant ne l'avoir pas été..... Comment prouver qu'une profanation a été commise, si auparavant on n'a fourni la preuve que

[1] Chamb. Dép., S. du 14 avril, Monit. n. 105.
[2] M. Miron de l'Espinai, même séance.

l'objet sur lequel les voies de fait ont eu lieu, avait été consacré. Ce genre de preuve offrirait des difficultés presqu'insolubles ; la preuve complète en serait le plus souvent impossible..... Il a donc fallu l'article 3..... Il n'est pas permis de douter que les hosties soient consacrées, et que les vases qui servent aux cérémonies de la religion le soient également.

Le motif de l'art. 3, dit-on encore dans la même séance, est la crainte de voir des crimes aussi odieux échapper à une juste peine, à l'aide de sophismes. Parmi les moyens de preuve qui peuvent s'offrir, la plupart pourraient être sujets à des contestations délicates, à des questions d'un autre ordre, dont le résultat serait plus souvent un scandale, que la condamnation de l'accusé. Les moyens de preuve légale sont à l'abri de toute discussion. Avec une preuve ainsi précise, qui consiste en faits visibles, matériels, et que la loi déclare suffisante, la justice, dans beaucoup de cas, n'aura pas à craindre l'erreur ou l'arbitraire, ou l'impunité.

Ainsi se trouve décidée la question que nous nous sommes proposée à la fin de la 4ᵉ note sur l'article précédent, savoir ; si les signes de consécration légale doivent céder, dans le cas où il serait démontré que la consécration n'aurait pas eu lieu. On voit que la preuve, introduite ici par la loi, est exclusive de la preuve contraire, à l'instar des présomptions *juris et de jure*, contre lesquelles on n'est jamais admis à faire preuve.

Les dispositions de la loi sont-elles limitatives, et par conséquent, doit-on décider que l'article 3 est une restriction apportée aux moyens de preuve ordinaire des différens crimes?

Suivant M. Miron de l'Espinai, Dép., (séance 12 avril) cette question devrait recevoir une solution affirmative. C'est pour la première fois, dit-il, que des preuves légales sont introduites dans une législation criminelle; mais les faits qu'elle veut atteindre en imposent la nécessité, et cette innovation seule ne me permet pas de douter que la loi, dans cette matière, n'admet d'autres preuves de la consécration que celles énoncées dans l'article 3.

C'est dans ce sens que l'entendait aussi M. Figarol, D., lorsqu'il disait 1.... Et pour qu'on ne pût pas élever des doutes sur cette consécration, la loi en a déterminé la preuve légale. — Cette opinion semble être en harmonie avec les paroles d'un illustre prélat 2, qui a dit, dans la Chambre des Députés : « Vous voyez que, pour

1 Chamb. Dép., S. 12 avril, Monit., n. 105.
2 Mgr le Ministre des Aff. Ecclésiast.

ne pas laisser le mot *sacrilège* indécis, on l'a restreint dans des limites fort bornées, de manière qu'il est impossible de ne pas comprendre de suite ce qu'on entend par sacrilège. »

Enfin, M. Duplessis Grénédan, D., était dans la même opinion, lorsque, dans la séance du 13 avril (Monit. n° 106), il disait : Il y a incohérence dans la loi proposée... D'un côté, il n'y a pour le juré d'autre preuve que sa conviction personnelle. C'est ce que la loi de l'institution a voulu ; c'est ce qu'on s'efforce d'inculquer aux jurés dans tout le débat : et quand le débat est fini, les jurés trouvent, à leur chambre, cette instruction affichée, qu'ils sont obligés de lire avant de délibérer : la loi ne demande pas compte aux jurés des moyens par lesquels ils se sont convaincus ; elle ne leur prescrit point de règles desquelles ils doivent faire particulièrement dépendre la plénitude et la suffisance d'une preuve : elle leur prescrit de s'interroger eux-mêmes dans le silence, le recueillement, et de chercher dans la sincérité de leur conscience, quelle impression ont faite, sur leur raison, les preuves rapportées contre l'accusé, et les moyens de sa défense. La loi ne leur dit point : *Vous tiendrez pour vrai tout fait attesté par tel ou tel nombre de témoins* : elle ne leur dit pas non plus : *Vous ne regarderez pas comme suffisamment établie, toute preuve qui ne sera pas formée de tel procès-verbal, de telles pièces, de tant de témoins, ou de tant d'indices;* elle ne leur fait que cette seule question, qui renferme toute la mesure de leurs devoirs : *avez-vous une intime conviction* (art. 342, Cod. inst. crim.). D'autre part, comment, après cela, venez-vous prescrire aux jurés de n'en croire, sur le fait de la consécration des vases et des hosties, que telle ou telle circonstance que vous indiquerez comme preuves légales, et d'en croire nécessairement ces circonstances, sans égard à leur intime conviction? mais, comment les obligerez-vous à préférer vos preuves à leur propre conviction? avez-vous quelque moyen de contrainte contre les jurés? saurez-vous seulement les motifs de leur décision?....

Suivant d'autres opinions, au contraire, la disposition législative qui nous occupe, serait purement démonstrative, et ne saurait dès-lors être considérée comme une restriction apportée aux moyens de preuve ordinaire.

C'est ainsi qu'on l'a décidé implicitement dans la Chambre des Pairs, sur la discussion du présent article.... On y a dit que la répression du crime semblait aussi être plus impérieusement exigée, lorsque l'accusé ne pouvait avoir eu de doute sur la consécration des hosties ou des vases, que l'article 3 *désignait plusieurs cir-*

constances qui en établiront la preuve légale ;
M. Chifflet, rapporteur de la commission Dép.
(dans son résumé, séance du 13 avril, Monit.,
n° 106), décide formellement la question ; il dit :
L'on n'a pas voulu voir dans l'article 3, sur la
preuve légale de la consécration, la véritable
intention du projet de loi. Ce genre de preuve
consiste en faits visibles. La loi, *sans rejeter les*
autres preuves, a prévu qu'elles seraient sujettes
à des discussions délicates, et qu'il pourrait arriver que des sophismes les fissent disparaître
aux yeux des jurés : elle a voulu assurer du
moins dans certains cas, la punition du crime.

Cette dernière opinion nous paraît devoir
être préférée. Les jurés se prononcent d'après
leur *intime conviction*; ils ne s'attachent qu'aux
faits (342, C. Inst. crim.), et leur premier devoir
est d'éloigner d'eux tout ce qui pourrait faire
naître l'idée de suspicion (542, C. Inst. crimin.).

· M. Duplessis-Grénédan est dans l'erreur, lorsqu'il dit que, pour éviter l'application de la
loi sur le sacrilège, il suffira de frapper le
prêtre avant de verser la coupe; que le coupable
ne sera atteint, en ce cas, que par l'art. 263 du
Code pénal, qui punit du carcan. Les jurés
examineront si la voie de fait a été dirigée contre
le prêtre principalement, ou contre le vase.

· *Quid*, si pendant la messe, l'hostie est violemment enlevée des mains du prêtre célébrant?

On a dit, dans la Chambre des Députés, que, rédigée ainsi qu'elle l'est, la loi nouvelle ne pourrait atteindre ce crime; qu'en effet, l'hostie ne se trouverait pas dans une des circonstances énoncées par cette loi, c'est-à-dire dans le tabernacle, ou exposée dans l'ostensoir, donnée en communion, ou portée en viatique; qu'il n'y aurait pas légalement consécration ni par conséquent profanation. Nous avons vu que, par arrêt du mois d'août 1503, un jeune homme fut condamné à avoir le poing coupé et à être brûlé vif, pour avoir, dans l'église de la Sainte-Chapelle de Paris, arraché des mains d'un prêtre, l'hostie qu'il venait de consacrer, en célébrant la messe; qu'un autre arrêt du 10 décembre 1586, prononça la même peine contre un nommé Dufour, qui avait pareillement arraché des mains d'un cordelier, disant la messe, l'hostie qu'il avait consacrée. Eh bien, d'après le sentiment d'un Député, ces crimes ne pourraient être punis par la loi nouvelle.

Il nous semble qu'il en doit être autrement. L'article 6 de cette loi punit la profanation *des hosties consacrées.* L'expression est générale. A la vérité la loi indique divers cas où la consécration est légalement prouvée, mais elle ne rejette pas les autres preuves, ainsi que nous l'avons fait remarquer dans la décision de la question précédente *in fine*. Dans l'espèce actuelle, pour former leur conviction, les jurés auront à examiner si la voie de fait a été commise sur une hostie consacrée, c'est-à-dire, avant ou après la *consécration* prononcée. Dans ce dernier cas, la loi nouvelle recevra son application; dans l'autre cas, au contraire, le crime sera puni par les dispositions déjà existantes, et confirmées par l'art. 17 de la présente loi. *Vid.* ci-après, les notes sur ce dernier article.

(2) *Exposées dans l'ostensoir : Quid* si les hosties sont exposées dans le ciboire, ainsi que cela se pratique dans plusieurs églises ?

Les mêmes raisons qui ont fait introduire la preuve légale de la consécration des hosties exposées dans l'ostensoir, existent à l'égard des hosties exposées dans le ciboire. Ici l'objet immédiat de la loi est le fait des *hosties exposées;* que l'exposition ait lieu dans l'ostensoir ou dans le ciboire, n'importe; on ne peut point présumer que le prêtre présente à l'adoration publique une hostie non consacrée.

Nous pensons donc que dans l'espèce proposée il y a preuve légale de la consécration ; et l'on ne peut dire, qu'en le décidant ainsi, nous argumentons par analogie *en matière criminelle,* contrairement au principe admis en cette matière ; en effet, dans l'article 3, il ne s'agit pas précisément d'une disposition pénale, il s'agit seulement de déterminer certains cas de preuve légale ; on ne peut donc nous opposer la règle qui défend de conclure par analogie en matière criminelle.

(3) *Le viatique aux malades.* Un Pair (M. le comte de Tournon) proposa d'intercaler dans la disposition de cet article, le mot *ostensible-ment*, au moyen duquel cette disposition se trouverait ainsi conçue : *ou porte ostensiblement le viatique aux malades.*

M. le vicomte d'Ambray, P., fit observer que, si la publicité peut être prise en considération, lorsqu'on s'occupe de la pénalité du crime, ici elle ne pourrait rien ajouter à la preuve légale du fait de consécration, unique objet de l'art. 3.

Mgr. le Garde des Sceaux ajouta que, dans le système de l'amendement, il resterait encore à déterminer de quelle circonstance précise ré-sulterait la publicité qu'il exige, ce qui entraî-nerait dans une foule de définitions plus propres à embrouiller qu'à éclairer le véritable sens de la loi.

L'amendement fut rejeté. Reproduit à la Chambre des Députés, par M. Petou (séance du 14 avril, Monit., 107), il fut également rejeté. Ce Député avait proposé d'ajouter à la fin de ce paragraphe les mots : *d'une manière ostensible et avec les appareils de la religion.* Il trouvait cette précaution nécessaire, car, tous les jours, le prêtre porte le viatique aux malades, tantôt visiblement, tantôt secrètement [1].

Si dans la nuit, par exemple, dit ce député [2], le prêtre qui porte le viatique sous son habit, est insulté, et les saintes hosties profanées, devra-t-on appliquer au coupable les dispositions de la loi sur le sacrilège ?

Il est possible, dit-il, qu'il ne soit point entré dans la pensée des assaillans de commettre une action aussi infâme ; qu'ils aient agi, cela peut arriver, par des motifs d'altercation, ou des démêlés antérieurs et étrangers à la religion.— Il est possible même qu'ils attaquent et insultent le prêtre sans le connaître, et sans savoir qu'il est dans l'exercice de ses fonctions, qu'aucune marque extérieure n'annonce. Néanmoins, le sacrilège paraît évident..., et alors la loi les condamnerait à la peine capitale. Il ajouta : les assaillans sont coupables, sans doute, mais des coupables qui n'auraient été condamnés qu'à

---

[1] Dans plusieurs départemens, par exemple, les prêtres des campagnes sont dans l'usage de porter aux malades le viatique renfermé dans une petite boëte qu'ils mettent dans une poche de leurs habits.

[2] Séance du 14 avril, n. 107.

une peine correctionnelle, s'ils eussent insulté le prêtre hors de l'exercice de ses fonctions.

Il nous paraît, sur cette question, que c'est d'après les circonstances, que l'on doit juger s'il y a eu profanation ou non. Il faut pour constituer le crime de sacrilège, volonté de le commettre, haine ou mépris pour la religion, et de plus, publicité. On appliquera donc la peine portée par la loi sur le sacrilége, ou toute peine correctionnelle, suivant qu'il paraîtra que la voie de fait était dirigée contre les saintes hosties, dont le prêtre était porteur, ou contre celui-ci hors de ses fonctions. C'est l'intention qui fait le crime, et c'est l'intention qu'il faut examiner.

Le sort de l'accusé, dit-on, dépend donc principalement de la déclaration du prêtre insulté, qui peut dire : *Je portais, ou je ne portais pas le viatique à un malade.*

Non. L'accusé aura le droit de contredire cette déclaration, s'il la croit fausse, sans qu'on puisse lui contester ce droit sous le prétexte que la preuve légale n'admet pas la preuve contraire. La question de savoir si le prêtre insulté portait ou ne portait pas le viatique à un malade, est autre chose que la circonstance à laquelle se trouve attachée la vérité légale de la consécration. La discussion roulera sur le fait susceptible de preuve, sans toucher à celui qui est réputé légalement vrai.

(4) *Ou dans celui de la sacristie* : ces mots furent ajoutés par la commission P., attendu, porte son rapport, qu'il a été reconnu que dans un très-grand nombre d'églises et même à Paris, les vases sacrés étaient renfermés, pendant la nuit, dans un tabernacle *disposé à cet effet*, dans la sacristie.

Mais, s'il s'agit d'une église où l'usage ne soit point de déplacer les vases sacrés, pendant la nuit, et s'il n'y a pas, dans la sacristie, un tabernacle spécialement *disposé à l'effet* de les enfermer, il semble que le motif de la loi cessant, sa disposition devrait cesser aussi, bien qu'au moment de la voie de fait, les vases se soient accidentellement trouvés placés dans un tabernacle de la sacristie.

Néanmoins, il n'en est point ainsi ; l'art. 5 veut qu'il y ait preuve légale de la consécration du vase *enfermé dans le tabernacle de la sacristie*, par cela seul, *sans distinction*. Cette vérité de la consécration ne peut être détruite par la preuve contraire, ainsi que nous l'avons dit ; or, le décider autrement, serait violer ce principe, et donner lieu à des discussions que la loi a voulu éviter.

ARTICLE 4.

La profanation des vases sacrés sera punie de mort (1), si elle a été accompagnée des

deux circonstances suivantes : 1° si les vases
sacrés renfermaient, au moment du crime,
des hosties consacrées : 2° si la profanation
a été commise publiquement (2).

La profanation est commise publiquement,
lorsqu'elle est commise dans un lieu public (3)
et en présence de plusieurs personnes (4).

L'article 4 du projet était ainsi conçu : « La
» profanation des vases sacrés est punie de
» mort. La profanation des hosties consacrées
» est punie de la peine des parricides. »

Divers amendemens furent proposés sur cet
article.

1° Celui de la Commission des Pairs, qui, en
conservant la peine de mort pour la profanation
des vases sacrés, lorsqu'ils contiendraient les saintes hosties et que la profanation serait commise
publiquement, réduisait la punition du même
crime, accompagné seulement de la deuxième circonstance, à la peine des travaux forcés à perpétuité. La Commission avait d'abord adopté, pour
la profanation des hosties, consacrées également
commise avec publicité, la peine du parricide,
proposée par le projet. Elle y substitua la peine
de mort, précédée de l'amende honorable.

2° L'amendement du comte de Bastard, qui, après avoir proposé, pour la profanation publique des hosties consacrées, la peine de la déportation, et pour celle des vases sacrés, la peine de la réclusion, substitua à ces deux peines celle des travaux forcés à perpétuité et à temps.

3° Le marquis de Lally, après plusieurs observations, crut devoir apporter quelques modifications à la rédaction de l'amendement qu'il avait proposé dans le cours de la discussion générale. Son but avait été, en écartant la peine de mort, d'ajouter aux autres peines qui seraient prononcées, toutes les circonstances propres à augmenter la solemnité de l'expiation, et de donner, en même temps, au juge, toute la latitude nécessaire pour la répression d'un crime qui peut présenter tant de circonstances atténuantes ou aggravantes, toutes impossibles à prévoir. Il proposa de punir des travaux forcés à perpétuité ou à temps, selon l'exigence des cas et à l'arbitrage des juges, en ajoutant à l'une et à l'autre de ces peines, une exposition publique de deux jours et l'amende honorable.

4° Le comte de Pontécoulant, proposa de punir la profanation, considérée comme un acte de démence, de la détention perpétuelle, en déclarant que l'article 64 du Code pénal, ne serait pas applicable à ce crime.

5° Le comte de Tascher proposa de substituer la peine de bannissement à la peine de mort. Selon lui, le sacrilège, considéré indépendamment de vol qui l'accompagne presque toujours, sort du l'ordre matériel et appartient tout entier à l'ordre moral et intellectuel. La puissance temporelle entre donc en quelque sorte dans le domaine de la puissance spirituelle. Mais, si elle l'arme de son glaive, qu'elle prenne son esprit de mansuétude.... Que le coupable se convertisse et qu'il vive, tel est le seul vœu de l'Église. La Chambre saura, dit-il, concilier ce qu'elle doit à l'humanité ; elle bannira du sein de la société, la profanation et le sacrilège, mais elle ne lui ôtera pas le temps du repentir et de l'expiation.

6° Le comte de Chatellux appuya l'adoption de l'art. 4. Dans son opinion, le respect dû à la Divinité est la seule base sur laquelle puisse également s'appuyer tout système de législation. Sans la religion, les lois humaines sont de vaines menaces, de faibles remparts incapables de protéger l'ordre social. C'est donc un besoin impérieux de fortifier ce respect pour la Divinité, principe vital des sociétés. L'impiété, qui brave la religion, attaque l'existence du corps social. Elle est donc le plus grand des crimes, et doit être réprimée par la plus sévère des peines. Autrement, le crime descendra dans l'opinion, au degré que lui assignera la peine inférieure dont il sera

menacé par la loi.. ... Si la mort n'était infligée
pour aucun crime, il s'abstiendrait de la demander, mais quand elle existe pour un grand
nombre de cas, il ne peut admettre qu'en la re-
jetant, la Chambre déclare qu'une foule de crimes
lui paraissent plus graves que le sacrilège....

nf, 7° Le marquis de Maleville vota contre l'adoption de l'article tel qu'il est rédigé..... Dans un
temps où l'idolâtrie attachait l'idée de la conservation de l'État à la conservation des images de
ses dieux, l'enlèvement, dit-il, la destruction de
ces images était non-seulement un crime contre
la religion, mais le plus grand des crimes contre
la patrie; de-là les arrêts de mort prononcés en
Egypte, à Athènes et à Rome, contre ceux qui
mutilaient ou enlevaient les objets que l'on regardait comme la sauvegarde du pays. Mais ces
dogmes sont-ils donc les nôtres? Sans doute la foi
catholique nous enseigne que Dieu lui-même est
présent dans le tabernacle de nos autels; mais
s'il en résulte que le profanateur outrage la majesté du Tout-Puissant, il n'anéantit pas du moins
sa puissance, il ne prive pas l'État de sa protection et de son appui. Le sacrilège est donc un
grand attentat, mais il ne présente pas aujour-
d'hui le caractère qu'il pouvait avoir aux yeux
des législateurs du paganisme; il offense Dieu,
mais il ne saurait lui nuire; il trouble la société,
mais il ne compromet pas directement son exis-

tence. Il n'est donc le plus grand des crimes
que dans le for intérieur ; et dans l'ordre civil,
d'autres crimes doivent être punis plus sévèrement que lui.

8° Le comte de Villegontier dit.... Lorsqu'il
s'agit de cet abominable délire qui n'a que l'outrage pour but, l'insulte faite à la société est exécrable sans doute et mérite un châtiment rigou-
reux, mais elle n'a pas compromis son existence,
elle ne l'a pas mise matériellement en péril....
que la société retranche à jamais de son sein le
profanateur; qu'elle le relègue parmi les insensés,
que vivant encore il cesse d'appartenir à aucun
peuple ; c'est la plus grande des humiliations
qu'un homme puisse subir; c'est celle que mérite
son forfait.... Le noble Pair proposa la rédaction
suivante :

» Quiconque se rendra coupable par voie de
» fait, publiquement et volontairement, de pro-
» fanations sacrilèges sur les vases sacrés et sur
» les hosties consacrées, sera déclaré par ce seul
» fait en état de démence, et renfermé toute sa
» vie dans une maison d'aliénés. »

9° Le Comte de Vogué, vota l'adoption de l'art. 4,
avec la substitution de l'amende honorable à la
mutilation. On a beaucoup parlé, dit-il, des excès
du fanatisme et de la crainte de les voir reparaître;
mais le fanatisme religieux n'est pas celui qu'il faut

craindre aujourd'hui; il en est un autre, c'est le fanatisme révolutionnaire, qui menace sans cesse la société.

10° Le comte de Pontécoulant reproduisit deux considérations principales qu'il avait déjà présentées. 1° Le sacrilège se trouvant, pour la première fois, défini dans nos lois pénales, le législateur ne peut être contraint à lui appliquer une des peines établies par ces lois ; au contraire, il semble naturel de punir un crime nouveau d'une peine nouvelle. 2° D'après un examen en quelque sorte pratique de notre jurisprudence criminelle, le Code ne reconnaît de crime qu'autant qu'il y a volonté pleine et entière dans l'action. Quand l'accusé est en démence, il n'y a ni crime ni délit; or, l'action de celui qui commet un sacrilège avec les circonstances prévues par l'article 2, est évidemment un acte de démence. Il pense que son amendement serait à la fois un digne témoignage de respect pour la religion et un hommage à la raison humaine...

11° Le marquis de Bernay dit: (14 février) Que si l'on objecte que l'attentat sacrilège, commis avec toutes ces circonstances, suppose nécessairement la démence, il se contentera d'observer que dans le cas où cette démence serait en effet démontrée, le coupable échapperait nécessairement au supplice pour être envoyé dans une maison de fous.

La présomption légale de folie fut successive-
ment combattue par le comte Maleville , le duc
Mathieu de Montmorency et Mgr le Garde des
Sceaux. Cet amendement fut ensuite rejeté.

Mgr le Garde des Sceaux dit : Le but du projet
de loi est de remplir une lacune fâcheuse, dont
l'existence dans notre législation pénale , a été
signalée depuis long-temps. La Chambre y a
pourvu en partie par l'adoption de trois articles qui qualifient et définissent le crime du
sacrilège et les circonstances qui peuvent l'en-
vironner ; il ne lui reste qu'à fixer la peine, et
pour arriver, sur ce point, à un résultat convenable , le premier soin doit être d'assigner à ce
crime le rang qui lui appartient. Le sacrilège
blesse au plus haut degré la religion , qui est la
base sur laquelle repose la sûreté des États , et
la garantie la plus forte de leur prospérité. C'est
par elle que les sociétés se forment et se con-
servent. Le sacrilège , qui blesse au plus haut
point la religion , ne blesse donc pas moins
profondément la société, il lui cause le dommage le plus grand qu'elle puisse éprouver ; et
comme c'est sur le dommage éprouvé par la
société que se mesure la gravité du crime , on
peut dire que le sacrilège doit être placé au premier rang parmi les crimes... La nature du crime,
l'autorité des publicistes, la nécessité de coor-
donner entr'elles les diverses parties de la lé-

gislation pénale, tout fait donc un devoir de maintenir l'application de la peine de mort.

La délibération établie sur l'amendement proposé par le vicomte de Bonald, et après une discussion dans laquelle furent entendus plusieurs Pairs et Mgr le Garde des· Sceaux, le vicomte de Bonald déclara qu'il se réunissait à l'amendement proposé par la Commission. Cet amendement donna lieu à diverses observations, à la suite desquelles il fut adopté avec quelques changemens de rédaction, proposés par Mgr le Garde des Sceaux. L'article fut conçu comme *suprà*.

(1) *Puni de mort.* Un Pair (M. de Bonald) a dit : La société, en punissant de mort un coupable, ne fait, au fond, que le renvoyer devant son juge naturel, devant celui qui sonde les *reins* et les *cœurs*, qui seul peut pardonner au repentir que lui seul peut connaître ; et proportionner la peine au forfait.

A cet égard, on remarqua que la mort étant considérée comme un simple renvoi à un tribunal supérieur, son application ne pourrait plus être considérée que comme une formalité à remplir dans une procédure, et qu'elle serait de peu d'importance, si ses effets n'étaient pas un supplice et la privation de l'existence, chose que les hommes, en général, redoutent le plus.

Des voix plus indulgentes s'élevèrent au

nom de celui qui pardonne *septante fois sept fois*. M. de Châteaubriand dit : N'arrêtez pas mes regards sur la dernière conséquence de la loi, ou vous me ferez frémir. La voici tout en-, tière, cette dernière conséquence. L'homme sacrilège, conduit à l'échafaud, devrait y marcher seul et sans l'assistance d'un prêtre, car, que lui dira ce prêtre? Il lui dira, sans doute: Jésus-Christ vous pardonne. Et que lui répondra le criminel? Mais, la loi me condamne au nom de Jésus-Christ.

C'est un sophisme. Il ne faudrait donc jamais parler de Dieu à aucun criminel conduit à l'é-chafaud, à moins qu'on ne pût lui dire : C'est l'homme seul qui vous condamne ; on va vous assassiner, et c'est pourquoi vous pouvez, sans commettre votre raison, vous réconcilier avec Dieu et croire qu'il vous pardonne [1].

On a parlé de sentimens de charité, de misé-ricorde, que doit inspirer la religion. Oui, sans doute, ce sont les sentimens qu'elle place dans les cœurs, dit M. Ferdinand Berthier, D. (séance du 11 avril, Monit., n° 102), mais sans détruire le sentiment des devoirs, sans empêcher le lé-gislateur de statuer la peine légitimement due

---

[1] Voyez M. de la Mennais; Opuscule sur la Religion considérée dans ses rapports avec l'ordre politique et civil, *page 56.*

au coupable, sans empêcher le juge de rendre la justice sans partialité comme sans faiblesse.... Le reproche qu'on a fait à la loi, sur la gravité du châtiment qu'elle inflige, ajouta-t-il, n'est point fondé. Les lois de tous les peuples, la loi des douze tables, comme celle des hébreux, honorée par toutes les communions chrétiennes, comme ayant une origine sacrée, donnent au sacrilège le nom de parricide, le punissent de la peine capitale, ordinairement même avec des aggravations plus ou moins sévères. Ce n'est pas, au reste, que nous réclamions la sévérité de la peine en elle-même, mais appliquer à l'attentat commis envers la Majesté divine, la première majesté, une peine moins grave que celle portée dans le Code contre l'attentat de la seconde majesté ; à l'attentat contre le Rédempteur des hommes, une peine moins grave que contre le parricide; ne serait-ce pas fausser l'esprit des peuples et la morale publique, en leur présentant l'outrage à la Divinité sous un aspect moins odieux ! Et que l'on ne dise pas que l'outrage à la majesté royale, cause dans la société un trouble général, que le crime prévu dans la loi que nous discutons ne saurait occasionner ; tout ce qui ébranle la religion dans le cœur des hommes, ébranle la société presque dans ses fondemens, et prépare la chûte et le renversement des trônes et des rois.

Les sacrilèges se multiplient d'une manière effrayante, dit M. Duplessis Grénédan, D. (S. du 14 avril, Monit., n° 107) Sous les murs de la Capitale, une solennelle expiation vient de révéler à la France un nouvel attentat de ce genre. Neuf violations de tabernacles avec profanation de saintes hosties, commises en une seule nuit, ont porté l'épouvante et la consternation dans une population entière.... Parlerai-je de ces ouvrages infâmes et corrupteurs que l'on fait circuler, avec une incroyable profusion, parmi notre jeunesse..... Il résulte des recherches faites avec soin, que plus de 2,775,900 volumes de productions impies, obscènes ou séditieuses ont été reproduites et répandues depuis la restauration.... Jugez, par-là, de l'activité et de la persévérance que déploie le génie du mal, et voyez s'il est urgent d'opposer une *puissante barrière* à la corruption qui menace de tout envahir.

Le voleur n'attaque que la propriété, dit M. Colomb, l'assassin la vie d'un citoyen, le sacrilège attente à l'existence de la société tout entière.

Il est des forfaits sur lesquels il faut réfléchir pour en concevoir toute l'atrocité : tel est, par exemple, le crime de fausse monnaie. Pourquoi la loi prononce-t-elle la mort contre l'homme qui n'a falsifié que quelques écus, et ne punit-

elle que des galères celui qui a volé des millions?
C'est que l'un n'a commis qu'un attentat particulier à la propriété, tandis que l'autre a ébranlé
le crédit de l'État. Le sacrilège ébranle bien plus
la société. Les peuples peuvent bien mieux se
passer de crédit que de religion. Il y aurait donc
inconséquence et immoralité à moins punir le
sacrilège que le faux-monnoyeur (*M. Colomb*,
D., *Monit.*, *n.* 108, *séance du* 14 *avril*).

(2) *Publiquement.* La profanation, dit un Député, aura toujours le premier caractère de publicité, car, d'après l'esprit et la lettre de la loi,
les objets sur lesquels elle pourrait s'exercer ne
sont légalement reconnus consacrés que s'ils
existent dans un lieu public.

La publicité, dit un Pair, augmente le scandale, et fait naître la crainte de troubles publics.
Elle est donc une circonstance aggravante. Elle
nécessite une répression plus sévère.... Elle
prouve que la loi ne s'occupe pas de ce qui con-
cerne Dieu, car, dès que la profanation n'est pas
publique, et ne trouble pas l'ordre établi, il n'y
a pas de sacrilège aux yeux de la loi.

La loi abandonne aux tourmens des remords,
l'homme assez dénaturé pour avoir volontairement, mais sans publicité, cherché à outrager
son Dieu.

La publicité, dit-on encore, est une garantie

que la loi donne à l'accusé. La profanation n'est punissable qu'autant qu'elle est commise en présence de plusieurs personnes.

Dans les autres dispositions du Code, le mot de publicité est autrement interprêté ; le délit est considéré comme commis en public dès qu'il l'est dans un lieu public, même lorsqu'aucun témoin n'est présent.

On ne doit pas craindre de-là, a-t-on dit, l'absolution scandaleuse du coupable. L'homme assez audacieux, assez criminel pour outrager la religion de l'État dans ce qu'elle a de plus sacré, recherchera plutôt qu'il n'évitera les témoins, pour satisfaire sa rage insensée et se porter à l'attentat le plus odieux.

La publicité, dit un Pair, est une circonstance nécessaire pour l'application des peines. Les jurés ne pourront se méprendre sur les motifs qui auront inspiré une action aussi criminelle.

Le mot *Publiquement*, dit un Député, a été introduit dans la loi par la Commission de la Chambre des Pairs, qui a considéré la publicité comme une circonstance constitutive, dans la plupart des cas du sacrilège extérieur, le seul qui blesse en effet l'ordre civil et que la loi civile doit réprimer.

M. de Chenevaux, D., dit au contraire (séance

du 11 avril, Monit. n° 105) : Je regrette que la
publicité n'ait pas été considérée comme un fait
substantiel pour caractériser le crime, et non
pas seulement comme une circonstance aggravante, car, s'il en eût été ainsi, elle aurait été
exigée impérieusement dans l'article 5 du projet,
pour attirer sur la tête du coupable la condamnation des travaux forcés à perpétuité, tandis
qu'elle n'existe que d'une manière alternative.

Sans la publicité, en effet, toute profanation,
quelque grande que soit l'offense envers Dieu,
n'est point un attentat envers la société ; il n'y
a d'attentat envers cette dernière, que quand il
y a scandale public. J'ajouterai même, dit-il, que,
dans mon opinion, la publicité, la présence de
plusieurs témoins, sont tellement nécessaires
pour un crime de ce genre, qu'elles sont encore
des garanties efficaces pour les ministres mêmes
de la religion, qui, s'il en était autrement, seraient exposés sans cesse aux accusations de la
malveillance, accusations qui, quoique mal fon-
dées, n'en diminueraient pas moins l'horreur
qu'un pareil attentat doit inspirer, et attirerait
presque toujours l'intérêt sur l'accusé.

On a présenté la publicité comme exigée par
la loi pour constituer la profanation, dit un Député[1], cela n'est point exact. Le silence de l'ar-

---

[1] Séance du 11 avril, Mon., n. 104.

ticle 2 et l'application de l'article 5 , en sont les
preuves. La publicité est évidemment une circonstance aggravante, et elle n'est pas autre
chose dans les articles 4 et 6. Par un plus grand
scandale, la profanation menace davantage la
tranquillité publique, elle est donc circonstance aggravante; elle entraînerait la peine de
mort. C'est sous le rapport de la tranquillité publique et du respect dû à la religion de l'Etat,
que les auteurs du projet envisagent ce crime.
Ils savent qu'il n'appartient point à l'homme de
venger la Divinité; il n'est que néant devant son
Créateur.

Il me parait essentiel de retrancher de la loi,
dit M. Figarol, D. [2], la circonstance de publicité
que le gouvernement avait cru ne pas devoir y
comprendre, et que la Chambre des Pairs y a
insérée; et pour justifier cette opinion, je me sers
d'un exemple. Neuf malfaiteurs volèrent l'année
dernière, les vases sacrés de deux églises parois-
siales de la ville de Pau. Les hosties consacrées
qui étaient renfermées dans le tabernacle, furent
dispersées; on en trouva dans un jardin attenant
à une de ces églises. Le crime avait été commis
sans témoins. Des procès-verbaux avaient seulement constaté les effractions qui avaient été pra-
tiquées aux tabernacles. Aucun des vases sacrés

---

[1] Séance du 12 avril, Monit., n. 105.

volés n'avait été retrouvé au pouvoir des vo-
leurs. Cependant des soupçons s'élevèrent contre
ces neufs individus. Un d'eux fit quelques aveux
qu'il voulut même rétracter. Les autres, interrogés
séparément, tombèrent dans de telles contradic-
tions, que les jurés furent convaincus de leur
culpabilité, et ils furent condamnés aux peines
prononcées par le Code pénal. — La profanation
dont ils s'étaient rendus coupables en secret,
avait néanmoins acquis autant de publicité, que si
elle eût été commise en présence de témoins; le
même scandale en était résulté, la religion n'avait
pas été moins offensée, et la société n'en avait
pas moins souffert. Un pareil crime échapperait
à la loi nouvelle !

Y a-t-il une véritable publicité, dans le sens de
la loi, dit un Dép. [1], lorsqu'en entrant dans une
église, on aperçoit les saintes hosties dispersées
et foulées aux pieds ? Non. Mais la profanation ne
restera pas impunie ; on appliquera alors la disposition de l'article 5 de la loi.

(1) *Lieu public*..... Cette expression ne peut
souffrir de doute. Ainsi que le fit observer le
rapporteur de la Commission des Députés,
(pag. 14 du rapport) il y a des lieux, tels que la
chambre d'un malade, au moment où on lui porte

---

[1] Séance du 11 avril, Monit., n. 104.

le viatique, qui deviennent publics accidentellement, et par une destination actuelle et momen-
tanée. Pour moi, j'affirme, et je ne serai point
démenti par ceux qui ont l'expérience des jugemens criminels, dit M. Duplessis de Grénédan
(séance 13 avril, Monit., n° 106), que jamais la
chambre d'un malade, y eût-il vingt personnes
étrangères, quand on lui porte le viatique, ne
sera déclarée *lieu public* par les jurés.... Il n'est
pas besoin, ajouta-t-il, de prétextes aussi plausibles à des jurés, pour se dispenser d'affirmer,
quand il s'agit d'une peine capitale.

Il est facile de concilier ces deux opinions. Le
rapporteur annonce un fait de publicité; M. de
Grénédan ne le contredit pas précisément; la
manière avec laquelle il s'exprime, nous fait
croire même qu'il n'a pas une opinion différente; mais qu'il craint que les jurés méconnaissent cette vérité, que la chambre d'un
malade devient *lieu public* accidentellement.

Doit-on réputer *lieu public*, les chapelles do-
mestiques, les oratoires privés?

Si ces chapelles ou oratoires appartiennent à
des communautés, monastères ou autres établis-
semens, dont ils soient des dépendances, on ne
peut les considérer comme des lieux privés; il n'y
a pas de raison pour les placer en dehors de la
loi sur le sacrilège; mais si l'oratoire n'appartient

7

qu'à un particulier, à l'usage duquel il soit uniquement destiné, il est clair qu'on ne saurait le réputer *lieu public*, sans blesser le sens grammatical du mot et celui que la loi lui attribue ; c'est ainsi que l'entendait M. Duplessis de Grénédan (Ch. Dép., S. 13 avril, n° 106), lorsqu'il dit : Un malheureux est convaincu d'avoir saisi le ciboire, jeté les saintes hosties, et de les avoir dispersées sur la terre. L'a-t-il fait par haine, ou par mépris de la religion? les jurés n'en ont rien su ; ils répondent : Non. L'a-t-il fait publiquement? Non : *le fait s'est passé dans un oratoire privé ou dans une chambre*; il n'y avait qu'un témoin. Les lois ordonneront de l'acquitter. Et je pourrai forcer ma bouche à prononcer cette absolution blasphématoire!

(4) *En présence de plusieurs personnes*. Il est certain, porte le rapport D., que cette condition de la présence de plusieurs personnes rendra la poursuite, et par conséquent la condamnation, plus rare ; mais elle l'assure, lorsque cette circonstance mettra dans le cas de poursuivre par la présence exigée de deux témoins, que la loi ne dit pas devoir être dans le lieu public même. La loi doit surtout éviter l'inutilité des poursuites, nouveaux scandales dans de pareils crimes ; il vaut mieux, quand elle le craint, qu'elle ne déclare pas le fait dans le cas d'être poursuivi. Il

est un autre motif politique. La loi veut prévenir, par la punition de ces crimes, les troubles publics; or, ils naissent du scandale de la publicité. Quand elle existe, il n'y a plus à hésiter; une recherche sévère doit suivre. Mais si le crime n'est pas public, l'homme sage se gardera bien de le divulguer; rien ne rendrait le scandale plus général que la poursuite juridique, ni plus deplorable qu'une poursuite inutile.

Nous avons vu dans ce qui précède, qu'il n'est pas nécessaire que les témoins *soient dans le lieu public même*. M. Duplessis-Grénédan, au contraire (séance 13 avril, Monit., n° 106), a dit que jamais les témoins ne seront réputés présens, quand ils auront vu de l'extérieur de l'édifice, ce qui s'est passé dans l'intérieur.

Il nous semble encore que l'avis de la Commission doit prévaloir. Le Député ne le contredit pas précisément; il ne parle que d'après la crainte où il est, que les jurés ne *prennent prétexte plausible pour se dispenser d'affirmer, quand il s'agit d'une peine capitale.*

Cette condition de la présence de plusieurs personnes paraît devoir, dans certaines circonstances, soustraire le coupable à la punition, dit M. Ferdinand Berthier (séance du 11 avril, Mon., n° 102): il peut y avoir quelquefois publicité, sans que le crime ait lieu en présence de

7.

plusieurs personnes ; par exemple, à l'ouverture des portes d'une église, les premiers fidèles aperçoivent avec effroi le tabernacle brisé, les saintes hosties répandues ; une foule d'individus désignent l'auteur du crime ; il y a scandale public, qui épouvante et courrouce d'autant les esprits, que le coupable, en quelque sorte plus connu, restera impuni.

Ce n'est pas bien exact, car, d'après ce qui a été dit plus haut sur le mot *publiquement*, un pareil sacrilège peut être atteint par la disposition de l'art. 5.

M. Duplessis de Grénédan ajouta (séance du 13 avril, Monit., n° 106) : J'entre dans une église, je vois fuir une femme éperdue, un homme descendre les degrés de l'autel, il paraît agité, j'approche : le tabernacle a été forcé, les hosties sont dispersées et mutilées sur la terre : on s'aperçoit qu'elles ont été foulées aux pieds : le coupable est saisi, interrogé ; il avoue son crime, il le raconte dans les plus horribles détails ; les intentions mêmes ne sont pas douteuses, il les déclare ; son récit est d'accord avec la déposition de cette femme qui l'a vu : tout est constant, mais rien n'a été public. Vous absoudrez ce scélérat ; vous ne le poursuivrez même pas ; car, comme le dit le rapporteur : « rien ne rendrait le scandale plus général qu'une pour-

suite juridique, ni plus déplorable qu'une poursuite inutile. Mais envain vous tenterez d'éviter
la publicité du crime; tout le village en sera
imbu le lendemain, et toute la France huit jours
après.... Voulez-vous vous faire une juste idée
de la loi proposée. Transportez à un autre crime
ce qui est dit du sacrilège. Supposez que la loi
portât :

« Art. 1er. L'attentat contre la personne du
Roi constitue le crime de lèze-majesté.

» Art. 2. Est déclarée attentat, toute voie de
fait commise volontairement et par haine ou
mépris de la royauté sur la personne du Roi.

» Art. 3. L'attentat sur la personne du Roi sera
puni de mort, s'il a été commis publiquement.

» L'attentat est commis publiquement lorsqu'il
est commis dans un lieu public et en présence
de plusieurs personnes. »

Que ferait une pareille loi !... Quel ministre
oserait la présenter !...

Eh bien ! entre cette loi supposée et celle qu'on
vous présente, la seule différence est que, dans
l'une il s'agit de la majesté humaine, et dans
l'autre de la majesté divine.

La profanation des vases sacrés et des hosties consacrées, dit M. Bourdeau, D., constitue
le crime de sacrilège, puni de mort, lorsque
le fait est commis volontairement et par haine

ou mépris de la religion , publiquement, dans
un lieu public, en présence de plusieurs témoins.

La réunion de toutes ces circonstances est
impossible, surtout si l'on considère qu'il faut
un concours d'action matérielle avec une im-
pulsion toute morale de sentimens. Ainsi le fait
n'est pas criminel, s'il n'y a volonté de la part de
l'auteur, et si cette volonté n'est inspirée par
haine ou mépris de la religion.

La circonstance du fait commis dans un lieu
public, en présence de plusieurs témoins, n'a-
mènera que des fous ; car, il n'y a pas de juré
ni de juge dans le monde qui ne reconnaissent
la démence dans un acte que la raison et l'esprit
ne concevraient pas autrement. Delà, nous de-
vons espérer et conclure, que le sacrilège défini
par la loi est impossible, et qu'en admettant sa
possibilité, il n'y a pas un tribunal qui ne recule
devant l'application de la peine (*S. du* 11 *avril,*
Monit., n. 102)..

ARTICLE 5.

La profanation des vases sacrés sera punie
des travaux forcés à perpétuité (1), si elle a
été accompagnée de l'une des deux circonstances énoncées dans l'article précédent (2).

. (1) *Sera punie des travaux forcés à perpé-*
tuité. Proportionner le châtiment au délit fut
toujours la première règle des lois criminelles.

L'article 5 s'appliquera donc au cas où la profanation ne serait pas accompagnée cumulative-
ment des deux circonstances aggravantes énoncées dans l'article précédent. Si, entrant dans
une église, dit M. Chifflet, rapporteur, dans son
résumé (Monit., n. 106), on aperçoit les saintes
hosties dispersées et foulées aux pieds, on peut
dire qu'il n'y a pas eu publicité dans cette voie
de fait, mais elle ne restera pas impunie, car
cette profanation n'a pu avoir lieu sans la profanation des vases sacrés, prévue par l'article 5.
La peine sera donc, dans l'espèce, les travaux
forcés à perpétuité.

(2) *Si elle a été accompagnée de l'une des*
deux circonstances énoncées dans l'article pré-
cédent; c'est-à-dire, si les vases sacrés renfermaient, au moment du crime, des hosties
consacrées, ou si la profanation a été commise
publiquement.

On voit par là, que la publicité n'a pas été
considérée comme un fait substantiel pour caractériser le crime, dit M. de Chenevaux, D.
. (séance du 11 avril), mais seulement comme
une circonstance aggravante, car, dans le premier cas, elle aurait été exigée absolument pour

attirer la condamnation sur la tête du coupable,
tandis qu'elle n'existe que d'une manière alternative. Il regrette qu'il en soit ainsi. Il faudrait
que la publicité fût comme fait substantiel pour
caractériser le sacrilège.

ARTICLE 6.

La profanation des hosties consacrées (1),
commise publiquement (2) sera punie de
mort. L'exécution sera précédée de l'amende
honorable (3), faite par le condamné, devant
la principale église du lieu où le crime aura
été commis, ou du lieu où aura siégé la Cour
d'assises (4).

———

(1) *Hosties consacrées.* Il ne faut pas confondre,
dit Mgr le Garde des Sceaux, la profanation des
vases sacrés avec celle des saintes espèces. La
première est un crime énorme, mais la seconde
est un bien plus grand attentat, non qu'il faille
le considérer comme un outrage envers Dieu,
car l'immensité tout entière nous sépare de
l'Être Infini qui nous a créés, et il n'est en notre
puissance ni de blesser ni de venger l'inaltérable
dignité de sa nature et de son nom, mais c'est la
religion qui est offensée dans ce qu'elle a de plus
cher et de plus sacré. C'est la société, dont les

intérêts se confondent avec ceux de la religion, qui est attaquée dans ce qu'elle aime et révère le plus. Ce sont les peuples qui sont insultés dans leurs sentimens les plus vifs, dans leurs opinions les plus profondes, dans leurs espérances les plus consolantes.

Appuyant la disposition du présent article, M. de Coussergues, D.,[1] dit : Quelle est en France la religion de l'État ? C'est cette religion qui a fondé la monarchie, qui a toujours été celle de nos Rois, et qui est encore celle de la presque totalité des Français ; car, il n'y a pas même en France, douze cent mille protestans, comme l'a dit M. Chabaud-Latour, mais seulement six cent mille calvinistes, et deux cent cinquante mille luthériens. C'est à-peu-près un protestant sur quarante catholiques. N'y eût-il que cent protestans en France, ils devraient jouir de la liberté établie par l'article 5 de la Charte ; mais aussi qu'ils ne contestent pas un sens raisonnable à l'art. 6, et qu'ils trouvent juste que la loi nous garantisse, par la crainte de la peine la plus grave, de la profanation publique du plus sacré de nos mystères.

Sur la question de savoir si le sacrilège est punissable dans le système de protection com-

---

[1] Séance du 15 avril, Monit., n. 108.

mune accordée par la Charte à tous les cultes, un illustre prélat,[1] après avoir rapporté littéralement l'art. 6, dit : Ou ces mots ne signifient rien, ou la Charte a dit que l'État professe la religion catholique.

Que faut-il entendre par État ? Est-ce seulement la multitude des Français répandus sur le sol de la patrie, et dont la presque totalité est catholique ? Non. Je vois surtout l'État dans le Roi, dans la famille royale, dans l'honneur du trône, dans les grands corps politiques et judiciaires, en un mot, dans tout ce qui constitue ou représente, d'une manière spéciale, la puissance qui gouverne. Voilà donc l'Etat qui professe la religion catholique, en même temps qu'il tolère les autres cultes ; il professe donc publiquement et solennellement le dogme fondamental sur lequel repose son culte, celui de la présence réelle.... Dès-lors, la question est résolue, la profanation des hosties consacrées n'est plus un simple péché ; elle est du domaine de la politique, elle constitue un crime que les lois doivent réprimer. Il serait étrange que le plus énorme outrage qu'on puisse faire à la religion nationale échappât à la juste vengeance de la loi (*Ch. Dép., Mon., n.* 105).

---

[1] Mgr le ministre des Aff. Ecclés.

' Ces observations sur l'énormité du crime font disparaître la contradiction qu'on avait cru remarquer entre la disposition pénale du sacrilège simple et celle du sacrilège accompagné de vol. *Voyez* note 1er sur l'art. 8.

' (2) *Publiquement.* Voyez ce qui a été dit sur la *publicité*, aux notes de l'art. 4.

(3) *Puni de mort. . . avec amende honorable.* Le projet portait : sera puni de la peine du parricide. La commission de la Chambre des Pairs proposa d'y substituer la peine de mort avec amende honorable. Mgr le Garde des Sceaux déclara qu'il était autorisé à consentir, au nom du Roi, à cette rédaction qui fut adoptée.

Cette peine, qui existait sous l'empire de notre ancienne législation criminelle, avait été abolie par le Code de 1791. Notre Code pénal, dans son art. 226, [2] a, suivant un Député, une disposition dans laquelle on aperçoit un léger souvenir de

---

[1] Code pénal, art. 13. Le coupable condamné à mort p our parricide sera conduit sur le lieu de l'exécution, en chemise, nu-pieds, et la tête couverte d'un voile noir.

Il sera exposé sur l'échafaud, pendant qu'un huissier fera au peuple lecture de l'arrêt de condamnation ; il aura ensuite le poing droit coupé, et sera immédiatement exécuté à mort.

[2] L'article 226 est ainsi conçu : Dans le cas des art. 222, 223 et 225, l'offenseur pourra être, outre l'emprisonne-

cette peine souvent prononcée autrefois ; elle
paraît avoir une grande analogie avec la nature
du crime pour lequel elle est prononcée ; elle
renferme quelque chose de profondément religieux.

Quelle est la nature de cette peine addition-
nelle, l'amende honorable? dit M. Bourdeau, D.
(S. du 11 avril, Mon., n. 102). Quelle en sera la
forme ? faudra-t-il des bourreaux et des tortures
pour contraindre le patient de se mettre à ge-
noux et de prendre une torche ?

M. Fouquerand proposa de' supprimer l'a-
mende honorable, et de réduire l'art. 6 à ces
termes : *La profanation des hosties consacrées,
commise publiquement, sera punie de mort.* Si
le condamné ne suit pas la religion catholique ;
si, d'après celle qu'il professe, il ne croit pas à
la présence réelle, pourra-t-il se déterminer à
confesser publiquement qu'il a commis un crime?
S'il s'échappe en imprécations contre le ciel et la
terre, il en résultera un scandale d'autant plus
grand, qu'il aura eu plus de publicité. L'amende
honorable dépend exclusivement de la disposition dans laquelle se trouvera le malheureux

---

ment, condamné à faire réparation, soit à la première
audience, soit par écrit ; et le temps de l'emprisonnement prononcé contre lui ne sera compté qu'à dater du
jour où la réparation aura eu lieu.

auquel elle sera demandée. Il me paraît incon-
venant que la loi demande ce qu'elle n'a pas la
certitude d'obtenir. Il faut, quand la loi com-
mande, qu'elle puisse toujours être exécutée
(S. du 15 avril, Monit., n. 108).

La loi serait immorale, irréligieuse, inconsé-
quente, si elle n'appliquait la plus grande peine
au plus grand des crimes. On a donc du infliger
le plus grand châtiment que la législation ait
institué (*Exposé des Motifs*).

L'amende honorable, dit le rapporteur de la
Commission des Députés, n'ajoute rien aux souf-
frances physiques du condamné; elle sera pour
lui un moyen d'expiation de plus, et produira sur
le peuple, une impression salutaire de respect
pour la religion et d'horreur pour le crime.

Comme toute prière adressée à Dieu, l'amende
honorable calmera les imaginations exaltées, les
esprits révoltés ; elle touchera les cœurs, et celui
du criminel peut aussi en être attendri.

Plusieurs Pairs demandèrent en vain le main-
tien de la disposition qui prononçait la peine du
parricide. L'un d'eux voulait que le coupable fût
conduit au lieu du supplice, couvert d'un voile
rouge.... Mais on reconnut qu'il convenait d'é-
loigner des yeux du peuple la vue du sang dans
un premier supplice, et, cédant à un sentiment

profond de morale et de politique, on maintint l'amendement de la Commission.

Quid, si un homme professant un autre culte, s'est livré à des voies de fait envers la religion de l'Etat, par un enthousiasme pour sa propre croyance, qui aurait exhalté son imagination, au point d'obscurcir les facultés qui constituent la volonté de l'homme ; sera-t-il condamné au dernier supplice ?

Oui: répond M. Miron de l'Espinay, D. (S. du 12 avril, Monit., n. 104) : d'une part ce serait l'homme le plus dangereux de la société ; son action aurait les mêmes résultats ; et de l'autre, la frénésie ne pourrait lui servir d'excuse.

Il nous paraît cependant qu'il en devrait être autrement, si cet homme avait les organes tellement dérangés, qu'il pût être considéré comme en état de démence. En effet, le crime consiste dans la volonté de le commettre, et l'homme en démence est incapable de volonté. Il serait donc *envoyé dans une maison de fous*, suivant l'expression du marquis de Bonnay, Pair (S. du 14 février).

Toutefois, il ne faut point oublier que la présomption légale de folie n'a point été admise ; qu'elle fut, au contraire, combattue victorieusement, et rejetée, ainsi qu'il a été dit page 87; de sorte que, si le la folie est articulée, les jurés, qui n'examinent que les faits, se fixeront d'abord sur l'état personnel de l'accusé. S'il s'agit d'un homme malicieusement frénétique, la décision de M. Miron de l'Espinay sera suivie ; s'il s'agit, au contraire, d'un homme en démence, on suivra l'avis de M. le Marquis de Bonnay.

TITRE II.

Du Vol Sacrilège *.

ARTICLE 7.

Seront compris au nombre des édifices énoncés dans l'article 381 du Code pénal (1), les édifices consacrés à l'exercice de la religion catholique, apostolique et romaine.

En conséquence, sera puni de mort (2), quiconque aura été déclaré coupable d'un vol commis dans un de ces édifices, lorsque le vol aura d'ailleurs été commis avec la réunion des autres circonstances déterminées par l'art. 381 du Code pénal (3).

----

* Deux considérations principales ont dirigé les auteurs de la loi dans les dispositions des titres 2 et 3, dit Mgr le Garde des Sceaux :

La première, c'est qu'aux yeux du législateur,

le sacrilège et la profanation doivent être au-
dessus de toute circonstance aggravante, et qu'ils
constituent le crime principal ;

La seconde, c'est que parmi les crimes de ce
genre, comme de tout, il doit punir plus sévèrement celui qui, par ses circonstances, blessera davantage l'ordre social.

Par la graduation des peines, il ne doit pas
avoir seulement pour but de faire éviter un
crime grave avec plus de soin, plus de crainte,
qu'un moindre crime, mais aussi le but et l'es-
poir de retenir le criminel, en le menaçant de
peines plus sévères, s'il réunit plus de moyens
d'exécution, s'il brave plus d'obstacles pour
consommer le crime. Cette augmentation de
peine est juste, puisque le degré de préméditation est alors plus grand. Sans cette graduation de peine, les criminels n'hésiteraient pas
à prendre tous les moyens. La loi, imprudente
dans son égale sévérité, aurait facilité leurs
succès. Au contraire, la crainte d'une plus forte
peine peut leur faire rejeter quelques moyens
d'exécution. Enfin, il y a plusieurs degrés dans
ce crime, il faut donc infliger des peines diverses. — Cette graduation fera encore mieux res-
sortir l'énormité du crime auquel la loi applique
la plus grande peine. Cette graduation aussi est
réclamée par la justice.

J'adopte les dispositions des titres 2, 3 et 4,
dit M. Turkeim, D. (séance du 14 avril, Monit..
n° 107), parce qu'il me paraît convenable d'appeler les lois à défendre le temple du Christ, avec
la même sévérité qu'elles protègent le foyer do-
mestique ; car ce n'est pas l'offense de Dieu, c'est
l'offense de tout ce que la société a de plus cher
et de plus sacré, qu'elle punit par ces lois répressives ; elle a non-seulement le droit de punir,
elle obéit au premier de ses devoirs, celui d'ho-
norer ce qui fait sa force et sa sûreté. La religion
que je professe ne me permet pas de voter le titre
premier de la loi....

Cette dernière idée ne nous paraît pas fort
juste, surtout lorsqu'on la compare avec ce que
M. Turkeim vient de dire, qu'il ne s'agit pas de
l'offense de Dieu, mais de l'offense de ce que la
société a de plus cher. Ne dirait-on pas, dans
son sens, que les catholiques ne peuvent voter
des dispositions concernant un culte, autre que
celui qu'ils professent. Il en devait être autrement. En effet, dans la Chambre des Pairs
(séance du 17 février, Monit., n° 50), Mgr le
cardinal De Lafare déclara que les Pairs ecclésiastiques qui siégeaient dans cette Chambre,
avaient reconnu, après le plus mûr examen et
toutes les vérifications nécessaires, que si leur
ministère et le vœu de l'église leur interdisent
de voter comme juges, lorsqu'il s'agit de l'appli-

8

cation des lois pénales, rien ne peut, ni ne doit les empêcher de concourir, comme membres du corps législatif, à la formation des lois sans exception, même de celles dites pénales ; il ajouta que c'était une obligation qne leur inspirait leur qualité de Pair, et qu'ils étaient dans l'intention de la remplir.

· Mgr le ministre des Affaires Ecclésiastiques prononça dans la Chambre des Députés (séance du 12 avril, Moniteur, n° 105), un discours lumineux et éloquent, qui produisit un mouvement général d'adhésion, et dans lequel il professa la même opinion [1]..... Un évêque qui

---

[1] On aime à relire les expressions de cet illustre prélat : « Si je parais en ce moment à la tribune, dit-il, ce n'est pas précisément pour y parler en criminaliste sur la loi pénale qui vous est soumise; pour en examiner les diverses dispositions ; pour rechercher si les peines sont graduées avec justice et sagesse ; je laisse ce soin au ministre du Roi, qui a déjà défendu, avec tant de talent, le projet de loi dans l'autre Chambre. Je me bornerai à des observations générales, qui pourront jeter quelques lumières sur le fond de la matière qui vous occupe, et à mesure que j'avancerai dans la discussion, peut-être serai-je assez heureux pour dissiper devant vous les nuages dont on a cherché à obscurcir vos esprits. — Le ministre examine ensuite ce qu'on entend par sacrilège; si le sacrilège est punissable par les lois humaines, et s'il est punissable d'après la Charte, qui accorde la même protection à tous les cultes autorisés par la loi.

siégerait sur un tribunal pour prononcer un arrêt de mort, dit-il, violerait la loi de l'église ; mais quelle loi défend à un ecclésiastique, prince de la terre, d'exercer les fonctions que cette dignité lui impose ? S'il faut que la miséricorde soit dans le cœur d'un prêtre, il faut aussi que la justice soit dans la tête du législateur. Ainsi, après avoir concouru à porter des lois pénales contre le crime, nous serions les premiers à descendre, s'il le fallait, dans le cachot où gémirait le coupable; nous irions les premiers lui offrir les consolations d'une religion qui ne respire que charité et pardon des injures; nous l'exhorterions à souffrir avec résignation une mort qu'il aurait méritée; nous l'exciterions au repentir, qui pourrait lui faire trouver grace devant celui qui ne s'appelle pas envain le Dieu des miséricordes ; nous aurions le courage de l'accompagner sur le char funèbre, de monter avec lui à l'échafaud, de le soutenir jusqu'au dernier moment, et de l'embrasser comme un frère, sous les yeux du père commun de tous les hommes. C'est là la vraie philantropie ; c'est la charité du chrétien.

(1) *Edifices énoncés dans l'art.* 381 *du Code pénal.* On a justement considéré comme habitée la maison du Seigneur, dit le rapporteur. C'est une conséquence de la présence réelle de Jésus-

Christ dans le sacrement des autels. Quoi de plus consolant pour le chrétien! La loi lève le doute qui avait trompé quelques personnes, plus frappées de la lettre du Code pénal que de son esprit. Elles avaient cru ne pas devoir regarder la maison de Dieu comme maison habitée. Sans doute son immensité remplit l'univers, mais notre foi ne nous apprend-elle pas que Jésus-Christ est réellement présent sur nos autels, sous les espèces ou apparences du pain et du vin? Et pour ceux mêmes qui ont le malheur de ne pas croire, les temples ne sont-ils pas leurs lieux de réunion, dans les vues les plus dignes du respect et de la protection de la loi? les lieux où le malheureux cherche des consolations dans le sein de la Divinité, où il lui expose ses craintes et ses espérances?

(2) *Puni de mort.* L'extrême danger personnel que le citoyen a couru dans son habitation, où tout lui donnait lieu de se croire en sûreté, dit le rapporteur, justifie la sévérité de la loi. Elle ne voit plus la seule propriété menacée, mais la vie du citoyen compromise. Le crime change alors de nature en se compliquant : la peine aussi doit en changer.

Ces observations, qui justifient l'art. 381 du Code pénal, expliquent en même temps la disposition de l'art. 7 de la loi actuelle.

(3) *Vols commis dans un de ces édifices.* La cupidité est supposée le seul motif de ces vols ; s'il y avait manifestation de haine ou de mépris pour la religion, le cas pourrait rentrer dans l'application du titre 1er, ainsi que l'a fait remarquer le rapporteur de la Commission des Députés.

Le même rapporteur fit observer que depuis le mois de mai 1821, jusqu'au moment où il parlait, cinq cent trente-huit vols sacriléges avaient été dénoncés, et que dans ce nombre il en était, à coup sûr, où se trouvait la nu-profanation, ou le mélange de ce crime avec celui de vol.

Au moment où notre travail est sous presse, la Cour d'assises de la Seine prononce contre un nommé Antoine Guyard, un arrêt qui le condamne à dix années de travaux forcés et à l'exposition, comme coupable de dix-sept vols commis dans le courant de 1824, pendant la nuit et avec les circonstances aggravantes d'escalade, d'effraction et de fausses clefs, dans plusieurs églises tant de Paris que de ses environs. D'après la maxime que nulle contravention, nul délit, nul crime ne peut être puni de peines qui n'étaient pas prononcées par la loi avant qu'ils fussent commis, les vols dont Guyard a été convaincu, n'ont pas été punis par la loi sur le sacrilége, ayant été commis antérieurement à

la promulgation de cette loi. Le condamné,
franc dans sa défense, a fait l'aveu de ses crimes;
il y fut mené par le besoin, non par la cupidité, et jamais il ne porta la main sur les vases
sacrés. Ces considérations ont vraisemblable-
ment déterminé la Cour à modérer la peine
qu'elle avait le pouvoir de prononcer en cette
occasion.

Il y a, selon l'art. 3, dit M. Bourdeau, D.,
preuve légale de la consécration des hosties,
lorsqu'elles sont dans le tabernacle ; leur profanation et celle des vases sacrés constitue le sacrilège. Le sacrilège est puni de mort, quand
il est simple et isolé ; mais le vol vient à son
secours ; et le profanateur qui prend et spolie,
est moins coupable que celui qui ne fait qu'outrager, comme si le vol pouvait se commettre
sans profanation ! comme si un crime pouvait
excuser un autre crime.

Dire que le vol diminue la criminalité du fait
de profanation, n'est point exact : c'est le motif
qui la diminue... On ne peut objecter que c'est
scruter les consciences, interroger les coupables
sur leurs motifs, puisqu'en même temps on cite
le cas de dispersion des hosties consacrées ; ce
sont des circonstances sensibles de ce genre qui

---

¹ Séance du 11 avril, Mon., n. 102.

feront connaître aux jurés le motif (M. de Chenevaux, D. , séance du 11 avril).

Monseigneur le Garde des Sceaux a reproduit la même objection et l'a réfutée d'une manière bien claire. Voici comment il s'exprima dans la séance du 13 avril, Monit., n° 105 : « On a dit ; le vol des vases sacrés ne peut être consommé qu'à l'aide d'une voie de fait ; donc, toutes les fois qu'il y a vol sacrilège , il y a sacrilège simple ; donc, il faut appliquer au vol sacrilège la peine du sacrilège simple , si l'on veut concilier entr'elles les dispositions de la loi.

« Non, il n'y a pas incohérence ; autre chose est l'action de celui qui, sans aucun motif légitime, porte les mains sur les saintes espèces, excité seulement par un désir effréné d'outrager, d'avilir la religion de l'Etat ; autre chose est l'action de celui qui , conservant encore dans son cœur quelques germes d'un respect affaibli, mais non éteint pour la religion , indifférent plutôt qu'irrité contr'elle , saisit des vases sacrés pour satisfaire au besoin qui le presse ou à la cupidité qui l'a corrompu. Ce dernier crime est très-grave sans doute, mais le premier l'est bien davantage encore. »

M. Bastard, P., dit, relativement à la disposition pénale de la loi (séance du 16 février); ce n'est pas sur la gravité morale du crime que

se calcule toujours la peine prononcée par les
lois civiles, mais bien sur le trouble apporté
à la société. Ainsi, le vol le moins important est
puni, dans certaines circonstances, des travaux
forcés, tandis que l'adultère, qui suppose cependant une bien autre perversité, ne peut
donner lieu, dans tous les cas, qu'à une peine
correctionnelle. On a objecté que l'application
de la peine de mort au crime prévu par le titre 1er,
était la conséquence nécessaire de son application aux crimes moins graves, que l'art. 5 du
projet (cet article est représenté par l'art. 7 de
la loi) a pour but de réprimer; mais il ne faut
pas s'y méprendre : dans l'art. 5 du projet, ce
n'est pas la circonstance de la profanation qui
entraîne la peine de mort, c'est l'assimilation
des édifices consacrés au culte, aux édifices ha-
bités, et la réunion des autres circonstances auxquelles la peine de mort est attachée par le Code
pénal. C'est dans l'art. 6 seulement, que la profanation a été considérée comme circonstance
aggravante; et dans cet article, non-seulement
elle n'entraîne pas la peine de mort, mais elle
ne fait qu'élever d'un degré la peine des travaux
forcés, qui, dans tout autre cas, serait prononcée
contre le vol avec effraction. Et ici l'on ne peut
s'empêcher de remarquer une inconséquence
grave qu'entraînerait l'adoption du titre 1er tel
que le Gouvernement l'a présenté. Si ce titre

était adopté, il en résulterait que la profanation serait punie de mort si le coupable n'avait point enlevé les vases sacrés qui en étaient l'objet, tandis qu'elle ne serait punie que des travaux forcés à perpétuité, s'il avait ajouté le crime de vol au crime de profanation.

Ce qui précède répond assez à l'objection faite par M. Bastard, pour qu'il n'en soit plus question ici.

(3) *Avec la réunion des autres circonstances déterminées dans l'art.* 381 *du Code pénal.* Ces circonstances sont, 1° la nuit; 2° deux ou plusieurs personnes; 3° si les coupables ou l'un d'eux étaient porteurs d'armes apparentes ou cachées; 4° si le crime a été commis à l'aide d'effraction extérieure, ou d'escalade, ou de fausses clefs, dans un lieu habité, ou si le coupable a pris le titre d'un fonctionnaire public, ou d'un officier civil ou militaire, ou si le coupable était revêtu de l'uniforme ou du costume du fonctionnaire ou de l'officier, ou en alléguant un faux ordre de l'autorité civile ou militaire; 5° si le crime a été commis avec violence ou menace de faire usage des armes.

La soustraction frauduleuse étant un attentat à la propriété, doit être punie. Elle doit l'être plus ou moins, suivant qu'elle est précédée, accompagnée ou suivie de circonstances plus ou moins graves. Ces circonstances dénaturent le crime, et comme la rigueur de la loi doit être proportionnée à la gravité du crime, il n'est pas étonnant que ces circonstances influent sur l'intensité de la peine. La circonstance qui aggrave le plus le vol est la violence, parce qu'alors le crime offre tout à-la-fois un attentat contre la personne, et un attentat contre la propriété; aussi le vol fait avec violence, quoique nulle autre circonstance n'existe et qu'il n'ait laissé aucune trace de blessure, est puni par le Code pénal, de la peine des travaux forcés à temps; et si le vol, outre la violence, a été accompagné de plusieurs autres circonstances aggravantes, par exemple, s'il a été commis la nuit et avec armes, ce n'est plus la peine des travaux forcés à temps que le Code inflige, mais celle des travaux forcés à perpétuité qui sera prononcée. En effet, dit l'exposé des motifs, lorsque le vol porte un tel caractère, il est d'une nature si grave, que toute peine moins sévère ne serait pas assez répressive.

Le Code pénal donne plusieurs définitions qui doivent se retrouver ici : Art. 379. « Quiconque a soustrait frauduleusement une chose qui ne lui appartient pas, est coupable de vol. — Art. 390. Est réputée *maison habitée*, tout bâtiment, logement, loge, cabane même mobile, qui, sans être actuellement habitée, est

destinée à l'habitation, et tout ce qui 'en dépend, comme cours, basses-cours, granges,
écuries, édifices qui y sont enfermés, quel
qu'en soit l'usage, et quand même ils auraient
une clôture particulière dans la clôture ou en-
ceinte générale. — Art. 393. Est qualifié *effraction*, tout forcement, rupture, dégradation,
démolition, enlèvement de murs, toits, plan-
chers, portes, fenêtres, serrures, cadenas, ou
autres ustensiles ou instrumens servant à fermer
ou à empêcher le passage, et de toute espèce
de clôture, quelle qu'elle soit. — Art. 394. Les
effractions sont *extérieures* ou *intérieures*. —
Art. 395. Les effractions extérieures sont celles
à l'aide desquelles on peut s'introduire dans les
maisons, cours, basses-cours, enclos ou dépendances, ou dans les appartemens ou logemens
particuliers. — Art. 396. Les effractions intérieures sont celles qui, après l'introduction
dans les lieux mentionnés en l'article précédent,
sont faites aux portes ou clôtures du dedans,
ainsi qu'aux armoires ou autres meubles fermés. Est compris dans la classe des effractions
intérieures, le simple enlèvement des caisses,
boîtes, ballots sous toile et corde, et autres
meubles fermés, qui contiennent des effets
quelconques, bien que l'effraction n'ait pas été
faite sur le lieu. — Art. 397. Est qualifiée *escalade*, toute entrée dans les maisons, bâtimens,

cours, basse-cours, édifices quelconques, jar-
dins, parcs et enclos, exécutée par-dessus les
murs, portes, toitures ou tout autre clôture.
L'entrée par une ouverture souterraine, autre
que celle qui a été établie pour servir d'entrée,
est une circonstance de même gravité que l'escalade. — Art. 398. Sont qualifiés *fausses clefs*,
tous crochets, rossignols, passe-partout, clefs
imitées, contrefaites, altérées, ou qui n'ont
pas été destinées par le propriétaire, locataire,
aubergiste ou logeur, aux serrures, cadenas ou
fermetures quelconques auxquelles le coupable
les aura employées. — Art. 399. Quiconque
aura contrefait ou altéré des clefs, sera condamné à un emprisonnement de trois mois à
deux ans, et à une amende de vingt-cinq francs
à cent cinquante francs. Si le coupable est un
serrurier de profession, il sera puni de la réclusion ; le tout sans préjudice de plus fortes
peines, s'il y échet, en cas de complicité de
crime. »

ARTICLE 8.

Sera puni des travaux forcés à perpétuité,
quiconque aura été déclaré coupable d'avoir,
dans un édifice consacré à l'exercice de la
religion de l'État, volé, avec ou même sans
effraction du tabernacle, des vases sacrés qui
y étaient renfermés.

1° M. de Figarol, D. (S. du 12 avril, Monit., n. 105), proposa d'ajouter à cet article, que le coupable de vol sera puni de la peine de mort, lorsque le vol aura été suivi de la profanation des hosties consacrées. La profanation se compliquant alors de vol, au lieu de devenir une circonstance aggravante, prend le caractère du crime principal ; la loi a un double crime à punir ; cependant, la profanation semble y être comptée pour rien , et le vol seul est puni des travaux forcés à perpétuité, tandis que, par l'art. 7, le vol commis dans une église, quel qu'en soit l'objet, est puni de mort, lorsqu'il est commis avec la réunion des autres circonstances déterminées par le Cod. pén., qui n'ont trait qu'aux moyens employés pour le commettre. —Afin de faire disparaître cette contradiction qui existe entre l'article 8 et l'art. 4, dit ce Député, et de rétablir la proportion, sans laquelle une loi est toujours mauvaise , il serait convenable de rédiger l'article 8 dans le sens de l'amendement proposé.—Personne n'appuya cet amendement.

2.° L'article 16 rappelle l'art. 8 et l'applique à tous les cultes autorisés. Or, ce dernier article punit des travaux forcés à perpétuité, la violation avec effraction du tabernacle et des vases sacrés; l'art. 16 reconnaît donc un tabernacle et des vases sacrés dans les temples des protestants et des juifs, ou il n'a aucun sens, quand il se réfère

à l'art. 8, dit M. Duplessis-Grénédan (séance du
13 avril, Mon., n. 106). Or, qu'est-ce que cette
reconnaissance et cette parfaite égalité de protection? dit-il encore. La protection qu'on doit
aux sectes tolérées en France, est une protection
de police et de bon ordre, non de faveur et
d'encouragement. Il ne faut pas qu'on puisse
troubler ceux qui se réunissent dans le temple
pour y prier à leur manière; il ne faut pas qu'on
puisse insulter leurs ministres. Si on viole l'asile
autorisé, si on y commet du désordre, le perturbateur doit être puni; si on vole ce qui appartient à la société qui s'y rassemble, il ne faut
pas que le voleur puisse se sauver, à l'abri d'une
équivoque sur le mot *lieu habité*. Voilà tout ce
qu'ont droit d'exiger les sectes tolérées, et la
Charte même n'oblige point à pousser plus
loin la tolérance.

Ce système n'a pas prévalu. Si l'on réfléchit,
en effet, sur la teneur entière de la loi, on voit
qu'il n'en ressort pas la doctrine de l'indifférence pour tous les cultes, comme le prétend
M. Duplessis-Grénédan... Parler en même temps
des vases sacrés, des monumens et des statues
consacrées, ce n'est pas montrer qu'on regarde
toutes ces choses comme égales, et qu'on veut
qu'elles soient tenues pour telles.

Bœmer, l'un des anciens docteurs de la ré-
forme, dans son ouvrage sur le droit canonique

des Luthériens de la confession d'Augsbourg, 5ᵉ *volume*, *titre sur la violation*, *les vols et les incendies des églises*, dit que dans l'Eucharistie des catholiques, les vases sacrés ont une vertu interne, qui leur est communiquée par l'intention et le dogme, et que chez les protestans, les vases destinés à la communion, n'ont qu'une vertu externe, qui les consacre au culte, sans cependant les séparer des choses ordinaires pour les délits dont ils peuvent être l'objet. — Il ajoute qu'un protestant, dans un pays catholique, qui malgré les lois commettrait un sacrilège, devrait être puni suivant les lois, parceque le crime qu'il commet, est de violer la loi.

M. l'abbé de la Mennais n'a pas saisi le véritable esprit de la loi sur le sacrilège, lorsqu'il a dit : « Lors du 1ᵉʳ projet, en 1824, on avait de-
» mandé que dans la loi sur le sacrilège, on ne
» parlât que de la religion catholique, aposto-
» lique, romaine, sauf à statuer par une autre
» loi, sur le vol commis dans les synagogues
» et les temples des protestans. En 1825, au-
» cune voix ne s'est élevée dans la Chambre des
» Pairs, qui compte treize évêques dans son
» sein, pour réclamer cette séparation; de sorte
» qu'il a été également reconnu, sans la moindre
» opposition, qu'enlever dans un prêche calvi-
» niste une table, un banc, une nappe, ou une
» bible dans une Synagogue, était un véritable

» sacrilège ; par conséquent que les objets em-
» ployés à ces divers cultes , ne sont ni plus ni
» moins sacrés que ceux à l'usage du culte ca-
» tholique ; que dès-lors , l'État considère tous
» ces cultes comme également vrais , ou plutôt
» comme également faux, c'est-à-dire que l'Etat
» s'est de nouveau déclaré athée. » (Page 56
de l'opuscule intitulé : *De la religion considérée
dans ses rapports avec l'ordre politique et civil*).

Dans l'esprit de la loi nouvelle, le sacrilège
n'est pas précisément considéré comme un crime
contre Dieu , mais bien contre les opinions et
les croyances des peuples ; c'est un attentat commis contre l'ordre établi ; c'est un crime de lèse-
société humaine. En conséquence , la loi a dû
s'occuper indistinctement de tous les cultes autorisés, sans qu'on puisse pour cela l'accuser d'a-
théisme, ni qu'on puisse, d'autre part, rappeler
les auto-da-fés.... Parler en même temps, ainsi
qu'il a été dit ci-dessus, des vases sacrés, des
monumens et des statues consacrés, ce n'est pas
montrer qu'on regarde ces choses comme égales,
et qu'on veut qu'elles soient reconnues telles....
La conséquence qu'a tirée M. de La Mennais,
dans le passage ci-dessus transcrit, est loin d'être
en harmonie avec la définition du sacrilège, qu'il
rapporte lui-même, page 54 de son opuscule.

Le même auteur se trompe encore , lorsque

dans le même ouvrage, page 51, il dit que la
religion en France, est entièrement hors de la
société politique et civile, et que, par conséquent
l'Etat est athée. Selon lui, l'Etat qui accorde une
protection égale aux cultes les plus opposés, n'a
évidemment aucun culte ; l'Etat qui paye des
ministres pour enseigner des doctrines contradictoires, n'a évidemment aucune foi ; l'Etat
qui n'a aucune foi, ni aucun culte, est évidemment athée.

On ne conçoit pas qu'il soit possible d'induire
de pareilles conséquences, sans méconnaître les
art. 5 et 6 de la Charte, et une foule d'autres dispositions qui existent dans nos lois. Du moins, la
loi sur le budget n'est pas athée, dit un Député
dont le talent semblait être fait pour servir le
projet de loi, au lieu de favoriser la défense
contraire.

ARTICLE 9.

Seront punis de la même peine (1) :

1° Le vol des vases sacrés commis dans un
édifice consacré à l'exercice de la religion de
l'État, sans la circonstance déterminée par
l'article précédent, mais avec deux des cinq
circonstances prévues par l'art. 381 du Code
pénal (2).

2° Tout autre vol commis dans les mêmes

9

lieux, à l'aide de violence et avec deux des quatre premières circonstances énoncées au susdit article (2).

Cet article fut adopté sans discussion par la Chambre des Députés.

(1) C'est-à-dire, des travaux forcés à perpétuité.

(2) Ces circonstances sont : la nuit, plusieurs personnes, armes, violences, ou menace de faire usage des armes apparentes ou cachées.

Lorsque le besoin ou la cupidité, dit Mgr le Garde des Sceaux (séance du 13 avril, Monit., n. 105), entraînent un coupable à l'acte du vol, si ce coupable n'est pas arrêté par la considération qu'il ne pourra commettre ce vol sans commettre en même temps une profanation, il devra être puni, sans doute, d'une peine plus grave que s'il avait commis un vol simple, mais moins forte, cependant, que s'il avait commis le sacrilège simple, c'est-à-dire le sacrilège déterminé seulement par la haine et par le mépris envers la religion, parce qu'en ce dernier cas, l'auteur de l'acte est beaucoup plus coupable et porte une atteinte beaucoup plus profonde à la religion et à la société.

Ces observations répondent d'avance à l'objection que l'on a faite contre la disposition de

cet article. On a dit qu'il s'ensuivait une espèce
de contradiction, puisque la nu-profanation est
punie de mort, bien que le vase n'ait pas été
enlevé ou volé, tandis que dans le cas où le vol
est joint à la profanation, il n'y a que la peine
des travaux forcés. — La profanation est le but
ou l'effet de l'action; dans le premier cas, le
délit est plus grave que dans le second. *Voyez*
notes sur les articles 2 et 8.

(3) Dans ces différens vols, il y a profanation; la peine a dû en être élevée.

L'article 16 en rappelant l'art. 9, reconnaît
dans les temples des hérétiques, l'existence des
vases sacrés, et venge la violation de ces objets
par les mêmes peines que s'il s'agissait, en effet,
d'objets saints et consacrés à Dieu. Voyez ce que
nous avons dit dans l'article précédent, sur cette
observation de M. Duplessis de Grénédan.

Les art. 8 et 9 ont fait naître quelques inquié-
tudes dans l'esprit des personnes profondément
attachées à la foi catholique, dit M. Miron de
Lespinay, Monit., N.° 104; ils ont craint que le
vote de ces articles ne fût pour eux une recon-
noissance de l'existence des vases sacrés dans
une autre religion que celle catholique, apostolique et romaine. Attaché comme eux à la
religion de nos pères, professant comme eux
les principes d'une foi exclusive, je n'ai point

9.

partagé leur crainte. Comme catholique, je refuse de croire à la consécration de ces choses; comme législateur, je dois également en reconnaître l'existence, et voter une disposition pénale contre ceux qui se rendraient coupables du vol de ces objets.

ARTICLE 10.

Sera puni de la peine des travaux forcés à temps, tout individu coupable d'un vol de vases sacrés, si le vol a été commis dans un édifice consacré à la religion de l'État, quoiqu'il n'ait été accompagné d'aucune des circonstances comprises dans l'article 381 du Code pénal.

Dans le même cas, sera puni de la réclusion, tout individu coupable d'un vol d'autres objets destinés à la célébration des cérémonies de la même religion.

———

Cet article fut adopté sans discussion (Ch. D., S. 15 avril, Monit., n° 108), ainsi que le reste du projet.

Les observations de M. Duplessis-Grénédan sur l'art. 8, s'appliquent à l'art. 10. Afin d'éviter des répétitions inutiles, nous renvoyons, en ce qui touche le présent article, à ce qui a été dit à cet égard, pages 125 et 126, de même qu'aux observations de M. l'abbé de La Mennais, et à la réponse que nous y avons faite, pag. 127 et 128.

Sera puni de la réclusion, tout individu coupable de vol, si ce vol a été commis la nuit, ou par deux ou plusieurs personnes, dans un édifice consacré à la religion de l'État.

————

C'est ce que l'on a dit être vol ordinaire. Il y a élévation de la peine, par la raison qui a été donnée dans les articles précédens. Cette disposition est dominée, comme le sont les autres dispositions de ce titre, et de celui qui va suivre, par la pensée de la présence de Dieu dans nos temples; elle est en rapport avec les articles du Code pénal, sur les vols commis dans des lieux ordinaires et sur des objets d'un usage commun.

TITRE III.

Des Délits commis dans les Églises sur les Objets consacrés à la Religion. *

ARTICLE 12.

Sera punie d'un emprisonnement de trois à cinq ans, et d'une amende de cinq cents à dix mille francs, toute personne qui sera reconnue coupable d'outrage à la pudeur, lorsque ce délit aura été commis dans un édifice consacré à la religion de l'Etat (1).

———

* Les dispositions de ce titre, et de celui qui précède, sont dominées par la pensée de la présence de Dieu dans nos temples ; elles sont en rapport avec les articles de nos Codes, sur les crimes et délits de la même nature, commis dans des lieux ordinaires, et sur des objets d'un usage commun : le respect dû aux temples, celui dû aux objets consacrés aux cultes, la preuve d'une plus grande perversité donnée par celui qui y commet des crimes ou délits que la loi prévoit ici, nécessitaient une peine plus forte, et la loi la prononce.

(1) L'art. 330 du Code pénal, porte : « Toute personne qui aura commis un outrage public à la pudeur, sera punie d'un emprisonnement de trois mois à un an, et d'une amende de seize francs à deux cents francs. »

Cet outrage a un degré de criminalité bien plus révoltant dans un édifice de la religion, dit un Député. Où la pudeur doit-elle se croire moins exposée à l'insulte? et quel oubli de tous les devoirs dans le criminel?—Il ne songeait pas à

cette circonstance aggravante, l'auteur de l'Esprit des Lois, lorsqu'il disait : Des peines qui sont
de la juridiction correctionnelle, suffisent pour
réprimer ces sortes de délits (les attentats contre
les mœurs). En effet, ils sont moins fondés sur
la méchanceté que sur l'oubli ou le mépris
de soi-même. Il n'est ici question, ajoute-t-il,
que des crimes qui intéressent uniquement les
mœurs, non de ceux qui choquent aussi la sûreté publique, tel que l'enlèvement et le viol.

La loi nouvelle n'a pu porter sa pensée sur
ces derniers crimes qui font horreur, et à raison
desquels on continuera de suivre les art. 331,
332 et 333 du Code pénal¹.

---

1 Voici le texte de ces articles :

Art. 531. Quiconque aura commis le crime de viol, ou
sera coupable de tout autre attentat à la pudeur, consommé ou tenté avec violence contre des individus de
l'un ou de l'autre sexe, sera puni de la réclusion.

Art. 532. Si le crime a été commis sur la personne d'un
enfant au-dessous de l'âge de quinze ans accomplis, le
coupable subira la peine des travaux forcés à temps.

Art. 533. La peine sera celle des travaux forcés à perpétuité, si les coupables sont de la classe de ceux qui ont
autorité sur la personne envers laquelle ils ont commis
l'attentat, s'ils sont ses instituteurs ou ses serviteurs à
gages, ou s'ils sont fonctionnaires publics, ou ministres
d'un culte, ou si le coupable, quel qu'il soit, a été aidé
dans son crime par une ou plusieurs personnes.

ARTICLE 13.

Seront punis d'une amende de seize à trois cents francs, et d'un emprisonnement de six jours à trois mois, ceux qui, par des troubles ou désordres commis, même à l'extérieur d'un édifice consacré à la religion de l'Etat, auront retardé, interrompu ou empêché les cérémonies de la religion.

———

Le libre exercice des cultes est l'une des propriétés les plus sacrées de l'homme en société, et les atteintes qui y sont portées, ne sauraient que troubler la paix publique... L'auteur du trouble est également coupable, soit qu'il appartienne au culte dont les cérémonies ont été troublées, soit qu'il lui soit étranger; car respect est dû à tous les cultes qui existent sous la protection de la loi (Exposé des Motifs, liv. 3, tit. 1er, chap. 3, Cod. pén.).

C'est pourquoi, l'art. 261 du Cod. pén. portait : « Ceux qui auront empêché, retardé ou interrompu les exercices d'un culte, par des troubles ou désordres causés dans le temple ou autre lieu destiné ou servant actuellement à ces exercices, seront punis d'une amende de seize francs à trois cents francs, et d'un emprisonnement de six jours à trois mois. »

La loi nouvelle étend cette peine aux troubles extérieurs. Cette nécessité s'est fait sentir, il y a peu d'années encore, dit le rapporteur de la Commission des Députés.

. On voit par la fixation du maximum et du minimum des peines des différents délits, que le juge aura la possibilité de les graduer d'après les circonstances, de punir, par exemple : l'interruption générale des cerémonies, plus sévèrement qu'une interruption dans une partie seulement de l'édifice religieux.

Sans doute, le magistrat ne doit et ne peut prononcer que la peine de la loi; mais il y a quelque distinction à faire entre deux hommes convaincus du même crime, porte l'Exposé des Motifs du Code pénal, liv. 1er chap 2. Ici, nous avons pensé, disent les rapporteurs, qu'une saine politique et la justice bien entendue appelaient sur la magistrature, une marque honorable de confiance, non que les cours puissent changer la nature de la peine indiquée par la loi; mais la loi voudra que chaque espèce de peine puisse être prononcée pour un temps qui ne doit être moindre, ni excéder les limites qu'elles prescrit. C'est dans cette latitude que les magistrats, après avoir présidé à toute l'instruction, pesant le degré de perversité de chaque accusé, connaissant parfaitement toutes les circonstances qui peuvent aggraver ou atténuer le fait; c'est,

disons-nous, dans cette latitude que les magistrats fixeront la durée de la peine légale qu'ils
doivent appliquer.

La loi ne veut punir que l'attentat consommé,
dit Mgr le Garde des Sceaux; c'est pourquoi le
sacrilège est défini une voie de fait et non un
attentat aux vases sacrés et aux hosties consacrées (voyez pag. 51). Ainsi, l'on n'appliquera
point en cette matière la disposition de l'art. 88
Cod. pén., qui porte que toute tentative de *crime*
qui aura été manifestée par des actes extérieurs
et suivie d'un commencement d'exécution, si
elle n'a été suspendue, ou n'a manqué son effet
que par des circonstances fortuites ou indépen-
dantes de la volonté de l'auteur, est considérée
comme le crime même.

Mais, une telle tentative devra-t-elle rester
impunie ?

On ne le pense pas. Indépendamment des
dispositions du Code pénal, notamment des
articles 261, 262, 263 et 264, qui peuvent s'y
appliquer, suivant le caractère de gravité que
la tentative peut présenter, et suivant les effets
qui en seraient résultés, cette voie de fait ou
tentative, peut venir encore dans la disposition
de l'article 13, de la présente loi.

ARTICLE 14.

Dans les cas prévus par l'art. 257 du Code

pénal(1), si les monumens, statues ou autres objets détruits, abattus, mutilés ou dégradés, étaient consacrés à la religion de l'Etat, le coupable sera puni d'un emprisonnement de six mois à deux ans, et d'une amende de deux cent à deux mille francs.

La peine sera d'un an à cinq ans d'emprisonnement, et de mille à cinq mille francs d'amende, si ce délit a été commis dans l'intérieur (2) d'un édifice consacré à la religion de l'Etat.

---

(1) Cet article porte : Quiconque aura détruit, abattu, mutilé ou dégradé des monumens, statues et autres objets destinés à l'utilité ou à la décoration publique, et élevés par l'autorité publique, avec son autorisation, sera puni d'un emprisonnement d'un mois à deux ans, et d'une amende de cent francs à cinq cents francs.

Il y a profanation, si ces monumens sont religieux, la peine doit donc être autre que celle portée par l'article 257.

(2) *Dans l'intérieur.* La profanation est plus grande si ces monumens sont dans l'intérieur des édifices ; graduer la peine, est la première règle qui doit être suivie en matière de législation criminelle. Voyez note 7 sur l'art. 7, p. 112.

ARTICLE 15.

L'article 463 du Code pénal (1) n'est pas applicable aux délits prévus par les articles 12, 13 et 14 de la présente loi.

Il ne sera pas applicable non plus aux délits prévus par l'art. 401 du même Code (2), lorsque ces délits auront été commis dans l'intérieur d'un édifice consacré à la religion de l'Etat (3).

---

(1) Cet article 463 est ainsi conçu :

Dans tous les cas où la peine d'emprisonnement est portée par le présent Code, si le préjudice causé n'excède pas vingt-cinq francs, et si les circonstances paraissent atténuantes, les tribunaux sont autorisés à réduire l'emprisonnement même au-dessous de six jours, et l'amende même au-dessous de seize francs. Ils pourront aussi prononcer séparément l'une ou l'autre de ces peines, sans qu'en aucun cas, elle puisse être au-dessous des peines de simple police.

(2) Cet article 401 porte :

Les autres vols non spécifiés dans la présente section, les larcins et filouteries, ainsi que les tentatives de ces mêmes délits, seront punis d'un emprisonnement d'un an au moins, et de cinq ans au plus, et pourront même l'être d'une amende qui sera de seize francs au moins, et de cinq cent francs au plus.

Les coupables pourront encore être interdits des droits mentionnés en l'article 42 du présent Code, pendant cinq ans au moins, et dix ans au plus, à compter du jour où ils auront subi leur peine.

Ils pourront aussi être mis, par l'arrêt ou le jugement, sous la surveillance de la haute police, pendant le même nombre d'années.

(3) Le rapport des la Commission des Députés, justifie ainsi cette disposition : La profanation, toujours inhérente à un délit commis dans les édifices de la religion, et plus encore à toute insulte dirigée contre les objets du culte, a fait interdire aux juges d'avoir égard aux circonstances qui, dans d'autres cas, seraient atténuantes : jamais les peines de ces délits ne pourront être réduites par l'application de l'art. 463 du Code pénal. Cette sévérité de la loi est justifiée par le degré de plus grande culpabilité nécessairement attachée à cette profanation.

On a craint, et l'on a voulu éviter, l'abus que l'on pourrait faire des dispositions de l'art. 463.

L'article 15 renferme une grande pensée, a-t-on dit ; la loi sévère avec justice dans ses dispositions ne conçoit pas qu'il puisse exister des circonstances atténuantes dans les faits qui blessent la société et outragent la religion, et elle proclame avec raison, que dans ces circonstances, le préjudice est toujours inappréciable.

TITRE IV.

Dispositions Générales.

ARTICLE 16.

Les dispositions des articles 7, 8, 9, 10, 11, 12, 13, 14 et 15 de la présente loi (1), sont applicables aux crimes et délits commis dans les édifices consacrés aux cultes légalement établis en France (2).

---

(1) *De la présente loi.* La loi sur le sacrilège n'a parlé jusqu'à présent que de la religion de l'Etat. Le projet présenté dans la session précédente, avait adopté une autre rédaction. A côté de chacun de ses articles, on lisait que sa disposition s'appliquait aux autres cultes légalement établis en France. Cette rédaction nécessitait la répétition des mêmes mots; pour éviter cet inconvénient, on a jugé à propos d'y statuer en un seul article, tel qu'il est ci-dessus transcrit. Par là, on

a. évité encore un inconvénient plus grave,
celui de ne pas confondre avec les autres titres
de la loi, les articles qui composent le titre
1er, lequel est spécial à la religion de l'Etat, et
ne peut s'appliquer qu'à elle, puisqu'il ne porte
que sur des croyances que n'admettent point les
cultes dissidens. Ces articles étant exclusivement relatifs à la religion de l'Etat, il était plus
simple, plus convenable, dit le rapporteur, de
régler par un article spécial, les diverses appli-
cations de la loi, et de marquer profondément,
par une disposition isolée, que les promesses
de la Charte ne sont point de vaines promesses,
et que l'égalité de protection qu'elle garantit à
tous les cultes, n'ont d'autres limites que celles
de ces cultes mêmes et de leur doctrine.

Relativement à tous les cultes, la protection
est complète, efficace, conforme à la nature de
leurs dogmes et par cela même, aux principes de
la Charte constitutionnelle. Si le titre 1er est
spécial à la religion de l'Etat, c'est par suite de
la différence des cultes ; la loi ne pouvant protéger avec égalité des croyances diverses par des
dispositions uniformes, la nécessité même des
choses, dit Mgr le Garde des Sceaux, contrai-
gnait à multiplier et à varier ses dispositions.
Ainsi, la disposition du titre 1er ne blesse en
rien les autres communions. Un crime qui attaque la religion catholique seule, exige une

répression qui ne peut être commune aux autres cultes, et que sans cette répression, la religion de l'Etat ne jouirait pas d'une protection complète.

C'est donc bien à tort que M. Royer-Collard a dit : Le projet introduit un crime nouveau, un principe de criminalité, un ordre de crimes pour ainsi dire surnaturels, qui ne tombent pas sous les sens, que la raison humaine ne saurait découvrir ni comprendre, et qui ne se manifestent qu'à la foi religieuse, éclairée par la révélation.

Il ne s'agit pas de tout cela dans le projet, ainsi qu'on l'a vu. La loi ne s'occupe que du crime de lèse-société humaine, de la protection due à tous les cultes, et par conséquent de l'ordre établi dans l'Etat.

(2) *Aux cultes légalement établis en France.* Le législateur a voulu frapper ce même principe d'irréligion qui menace la société, dit un Pair, car, pour le repos de l'Etat, il est essentiel de le réprimer fortement partout où il se montre. Il paraît vouloir envahir toutes les communions chrétiennes. Le bien de l'Etat veut que l'on combatte ce germe anti-social de dissolution ; rien donc de plus moral, de plus politique, que la disposition de cet article ; il est d'ailleurs conforme à l'esprit de la Charte.

Mais, quels sont les cultes légalement établis en France ? — Il y a tolérance religieuse. Chacun y professe sa religion avec une égale liberté, et obtient pour son culte, la même protection (Article 5 de la Charte). La loi du 18 germinal an 10, relative à l'organisation des cultes, ne s'occupe que de la religion catholique, apostolique et romaine, des cultes protestans ou des églises réformées, et des églises de la confession d'Augsbourg, mais la liberté des cultes reste entière. Ainsi, quoique la religion catholique, qui est justement la religion de l'Etat, le culte luthérien et le culte calviniste, soient les seuls dont les ministres reçoivent un traitement de l'Etat, ceux des religions juive, mahométane et autres n'en exercent pas moins, et librement leurs cultes ; mais ils sont salariés par leurs sectaires.

Devrait-on réputer comme légalement établi, le culte qui viendrait à se former, à s'introduire en France par suite d'une dissidence ou autrement ? ce dont Dieu nous garde !

L'article qui nous occupe, porte que ses dispositions sont applicables aux crimes et délits commis dans les édifices consacrés aux *cultes légalement établis*, ce qui ne signifie pas *aux cultes à établir* ou qui *viendraient à s'établir*. La lettre de la loi résisterait donc aux innovateurs.

10

On opposerait en vain que la protection est promise généralement à *tous cultes*. Une *secte*, une *dissidence* n'est pas un culte proprement dit. Quelle que soit l'extension qu'on veuille donner à la loi, qui promet de protéger, on doit néanmoins restreindre cette protection, conformément à l'intention présumée de celui qui la doit et qui l'a promise ; si l'on ne reconnaissait aucune borne, à cet égard, il faudrait décider que la loi protectrice devrait s'étendre même à la secte dont les doctrines seraient subversives de l'ordre établi, et évidemment en opposition avec la bonne morale, ce qui serait absurde.

ARTICLE 17.

Les dispositions auxquelles il n'est pas dérogé par la présente loi continueront d'être exécutées.

Cet article, dit Mgr le Garde des Sceaux, confirme les dispositions des lois existantes, qui peuvent être relatives aux matières réglées par le projet.

On aurait pu croire qu'en réunissant dans une loi spéciale, ce qui appartient à cette matière, le législateur avait voulu y comprendre tous cas, et abroger tout autre disposition. On a empêché les doutes à cet égard, en décidant expressément que les dispositions auxquelles il n'est pas dérogé par la présente loi, continueront d'être exécutées.

Quelles sont ces dispositions de législation ? Il en est plusieurs. Par exemple : les art. 260, 261, 262, 263, et 264, qui composent le paragraphe VIII, livre III, titre 1er, chap. 3 du Code pénal, traitant des entraves au libre exercice des cultes ; [1] les lois des 18 novembre 1814, et 25 mars 1822, qui, suivant l'expression d'un Député, complèteront cette partie de la législation.

---

[1] Voici le texte de ces articles :

Art. 260. Tout particulier qui, par des voies de fait ou des menaces, aura contraint ou empêché une ou plusieurs personnes d'exercer l'un des cultes autorisés, d'assister à l'exercice de ce culte, de célébrer certaines fêtes, d'observer certains jours de repos, et en conséquence, d'ouvrir ou de fermer leurs ateliers, boutiques ou magasins, de faire ou quitter certains travaux, sera puni, pour ce seul fait, d'une amende de 16 fr. à 200 fr., et d'un emprisonnement de six jours à deux mois.

Art. 261. Ceux qui auront empêché, retardé ou interrompu les exercices d'un culte par des troubles ou désordres causés dans le temple ou autre lieu destiné ou servant actuellement à ces exercices, seront punis d'une amende de 16 fr. à 300 fr., et d'un emprisonnement de six jours à trois mois.

Art. 262. Toute personne qui aura, par paroles ou gestes, outragé les objets d'un culte dans les lieux des-

La première de ces lois est relative à la célébration des fêtes et dimanches ; la seconde est relative à la répression des délits commis par la voie de la presse, ou par tout autre moyen de publication. Il n'est pas inutile de faire connaître ici quelques-unes de ces dispositions [1] :

---

tinés ou servant actuellement à son exercice, ou les ministres de ce culte dans leurs fonctions, sera punie d'une amende de 15 fr. à 500 fr., et d'un emprisonnement de quinze jours à six mois.

Art. 263. Quiconque aura frappé le ministre d'un culte dans ses fonctions, sera puni du carcan.

Art. 264. Les dispositions du présent paragraphe ne s'appliquent qu'aux troubles, outrages ou voies de fait dont la nature ou les circonstances ne donnent pas lieu à de plus fortes peines, d'après les autres dispositions du présent Code.

[1] En voici le texte :

Art. 1er. Quiconque, par l'un des moyens énoncés en l'article 1er de la loi du 17 mai 1819, aura outragé ou tourné en dérision, la religion de l'État, sera puni d'un emprisonnement de trois mois à cinq ans, et d'une amende de trois cents francs à six mille francs.

Les mêmes peines seront prononcées contre quiconque aura outragé ou tourné en dérision, tout autre religion dont l'établissement est légalement reconnu en France.

Art. 3. L'attaque, par l'un de ces moyens, des droits garantis par les articles 5 et 9 de la Charte constitutionnelle, sera puni d'un emprisonnement d'un mois à trois ans, et d'une amende de cent francs à quatre mille francs.

. Doit-on appliquer aux complices du crime de sacrilège, sans distinction, les peines établies par la loi nouvelle ?

Ou il s'agit d'un vol sacrilège, ou d'un sacrilège simple. Dans le premier cas, les peines établies contre l'auteur même du crime, sont in-

---

Art. 6. L'outrage fait publiquement, d'une manière quelconque, à raison de leurs fonctions ou de leur qualité, soit à un ou plusieurs membres de l'une des deux Chambres, soit à un fonctionnaire public, soit enfin, à un *Ministre de la religion de l'État, ou de l'une des religions dont l'établissement est légalement reconnu en France*, sera puni d'un emprisonnement de quinze jours à deux ans, et d'une amende de cent francs à quatre mille francs.

· Le même délit envers un juré, à raison de ses fonctions, ou envers un témoin, à raison de sa déposition, sera puni d'un emprisonnement de dix jours à un an, et d'une amende de cinquante francs à trois mille francs.

- L'outrage fait à un ministre de la religion de l'Etat, ou de l'une des religions légalement reconnues en France, dans l'exercice même de ses fonctions, sera puni des peines portées par l'article 1er de la présente loi.

Si l'outrage, dans les différens cas prévus par le présent article, a été accompagné d'excès ou violences prévus par le premier paragaphe de l'art. 228 du Code pénal, il sera puni des peines portées audit paragraphe et à l'article 229, et, en outre, de l'amende portée au premier pragraphe du présent article.

Si l'outrage est accompagné des excès prévus par le second paragraphe de l'art 228, et par les art. 231, 232

contestablement applicables à son complice,
d'après l'article 59 Code pénal, qui porte que les
complices d'un crime ou d'un délit ; sont punis
de la même peine que les auteurs mêmes de ce
crime ou de ce délit, sauf les cas où la loi en
aurait disposé autrement; en effet, il y a complicité suivant l'art. 62 du même Code, de la part
de ceux qui sciemment auraient recélé en tout
ou en partie, des choses enlevées, détournées ou
obtenues à l'aide d'un crime ou d'un délit. Dans
l'espèce proposée, le complice est comme voleur
sacrilège. Déjà la déclaration du 4 mai 1724,

---

et 233, le coupable sera puni conformément audit Code.

Art. 10. Quiconque, par l'un des moyens énoncés en
l'art. 1er de la loi du 17 mai 1819, aura cherché à troubler la paix publique, en excitant le mépris ou la haine
des citoyens contre une ou plusieurs classes de personnes, sera puni des peines portées en l'article précédent
(c'est-à-dire en l'art. 9, qui prononce un emprisonnement de quinze jours à deux ans, et une amende de
cent francs à quatre mille francs).

Art. 13. L'art. 10 de la loi du 9 juin 1819, est commun
à toutes les dispositions du présent titre, en tant qu'elles
s'appliquent aux propriétaires ou éditeurs d'un journal
ou d'un écrit périodique.

Art. 14. Dans le cas de délits correctionnels prévus
par le premier second et quatrième paragraphe de l'article 6, par l'art. 8, et par le quatrième paragraphe de
l'art. 9 de la présente loi, les tribunaux pourront appliquer, s'il y a lieu, l'art. 460 du Code pénal.

punissait également les suppôts et complices de sacrilège, et la règle était même qu'en cette matière, les complices faisaient foi contre un autre. *Can. in primis XII quæst.* 1, *et Can. qui autem XVII quæst.* 4, *Vid. biblioth. Canon.*

Mais, dans le cas de la nu-profanation, la question présente quelque difficulté. On a dit pour la négative, qu'il s'agissait d'un crime d'exception, consistant dans la publicité, dans le scandale, dans une voie de fait qui tient surtout de l'opinion ; ce qui exclurait l'idée de la complicité, dans le sens de la loi ; par où l'on ne saurait punir que l'auteur direct et patent du sacrilège simple, le complice n'étant qu'un conseil non obligé, ou instigateur qui agit dans l'ombre, et dont l'action, dans les cas où elle serait punissable, devrait l'être d'après les moyens mis à usage pour encourager, aider et déterminer le coupable. Le fait simple d'engager à commettre un crime, sans qu'il ait été employé des promesses, ordres, dons ou menaces, ne constitue pas la complicité du crime ; ainsi qu'il a été jugé par la Cour de cassation, le 24 novembre 1809. *Sirey, titre* 10°, *partie* 1er, *page* 142 *et* 308.—L'affirmative nous paraît mieux fondée ; en effet, la définition de ce qui constitue la complicité s'applique à toute personne convaincue d'avoir préparé ou facilité l'action, par des moyens qu'elle savait devoir y servir. Provo-

cations faites , instructions données, armes four-
nies, peu importe le moyen. C'est dans ce sens
qu'a été rédigé l'article 60 Code pénal, dont le
texte ne laisse aucun doute sûr cette question ;
il est ainsi conçu :

« Seront punis comme complices d'une action
qualifiée crime ou délit, ceux qui, par dons,
promesses, menaces, abus d'autorité ou de pouvoir, machinations ou artifices coupables, auront provoqué à cette action, ou donné des instructions pour la commettre ;

« Ceux qui auront procuré des armes, des instrumens, ou tout autre moyen qui aura servi à
l'action, sachant qu'il devait y servir.

« Ceux qui auront, avec connaissance, aidé ou
assisté l'auteur ou les auteurs de l'action, dans
les faits qui l'auront préparée ou facilitée, ou
dans ceux qui l'auront consommée; sans préjudice des peines qui seront spécialement portées
par le présent Code, contre les auteurs de com-
plots ou de provocations attentatoires à la sûreté
intérieure ou extérieure de l'Etat, même dans
le cas où le crime qui était l'objet des conspi-
rateurs ou des provocateurs n'aurait pas été
commis. »

La définition de la nu-profanation n'est point
exclusive de la définition de ce qui constitue la
complicité; et la loi n'ayant rien changé au prin-

cipe établi par l'article 59 du Code pénal, il est clair que les complices du crime de sacrilège simple, doivent être punis de la même peine que les auteurs de ce crime.

La règle était autre fois qu'en crime de sacrilège, les complices faisaient pleine foi contre un autre. En est-il de même aujourd'hui?

Non; la loi nouvelle n'ayant rien statué à cet égard, on doit suivre le droit commun. Il en sera donc relativement au sacrilège comme de tout autre crime, sans distinction, puisque sous ce rapport, la loi ne distingue point. Les complices sont co-accusés; ils ne peuvent déposer dans leur propre cause. Toutefois, il a été jugé que celui qui a été co-prévenu et renvoyé de la prévention, peut être *témoin* dans la même affaire criminelle. Arrêt de la cour de cassation, 6 mai 1815, rapporté dans Sirey, tom. 15, partie 1re, pag. 333.

La profanation des vases sacrés est punie de mort, si elle a été commise dans un lieu public, et en présence de plusieurs personnes (Art. 4). Suffira-t-il de deux témoins pour caractériser la publicité voulue, et de leur déclaration affirmative pour constater le fait de la profanation articulée?

Nous avons vu, ci-devant, que suivant le rapport de la Commission des Députés, il suffit de la présence de deux personnes pour donner au fait le caractère de publicité dans le sens de la loi ; mais s'il s'agit d'en administrer la preuve, il nous paraît que si le fait n'a eu lieu qu'en présence de deux témoins, il y aurait insuffisance dans la déclaration : le crime ne serait connu, dans ce cas, que par la dénonciation de l'un des deux témoins ; or, la déclaration de celui-là n'aurait pas la même force que celle d'un témoin irréprochable. Les dénonciateurs autres que ceux récompensés pécuniairement par la loi, peuvent bien être entendus en témoignage, suivant l'art. 322 Code d'inst. crim., mais le jury est averti de leur qualité de dénonciateurs. Si donc une telle déclaration est isolée, sans circonstances qui la corroborent, on ne saurait la considérer comme suffisante.

La prescription a-t-elle lieu en cette matière, comme dans les cas ordinaires ?

La loi sur la prescription des crimes et délits s'applique au sacrilège, puisque ce crime n'a point été formellement excepté de la règle commune. C'est là une nouvelle preuve que la loi relative au sacrilège n'a pas eu pour objet de punir *le péché*, car dans ce cas, il y aurait imprescriptibilité, le péché ne pouvant être remis qu'après satisfaction, et que l'objet de la loi est de punir l'offense à la société, c'est-à-dire, d'exiger une réparation purement sociale, ce qui ne constitue qu'une obligation sujette à la prescription. On suivra donc, relativement à ce crime, les règles établies par les art. 635 et suivans du Code d'instruction criminelle.

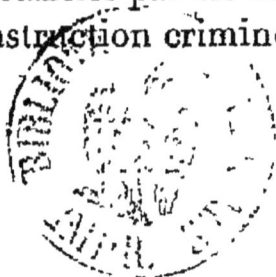

FIN.

TABLE DES MATIÈRES.

CHAPITRE PREMIER.

Législation ancienne sur le Sacrilège.

CHAPITRE II.

Considérations Générales qui ont servi de base à la loi sur le sacrilège, et réfutation des principales objections faites contre le projet.

§ Ier.

CHAPILRE III.

Loi pour la répression des Crimes et des Délits commis dans les Édifices ou sur les Objets consacrés à la religion catholique ou aux autres cultes légalement établis en France.

TITRE Ier.

Du Sacrilège.

TITRE III.

Des Délits commis dans les Églises, sur les Objets consacrés à la Religion.

TITRE IV.

Dispositions Générales.

FIN DE LA TABLE.

www.ingramcontent.com/pod-product-compliance
Lightning Source LLC
Chambersburg PA
CBHW072105080426
42733CB00010B/2209